Rainer-Matthias Müller

barm_HERZ.ig

Meinen Freunden Viktoria und
Karl Brandner auf der Alm,
ihren Söhnen Leonhard, Johannes
und Thomas gewidmet
– sowie ihrer Tochter Maria,
die es immer wieder schafft,
etwas mehr Maria zu sein.

Danke!

Rainer-Matthias Müller

barm_HERZ.ig

Exerzitien im Alltag
für die Fastenzeit

HERDER

FREIBURG · BASEL · WIEN

Zum Autor:
Rainer-Matthias Müller, 1969 im Saarland geboren, 1997 zum Priester geweiht, Ausbildung zum Gestalttherapeuten (GSK, in Saarbrücken) und Bibliodramaleiter, viele Jahre Sprecher für kirchliche Sendungen beim Saarländischen Rundfunk, zahlreiche Aufsätze und Bücher, 2009 Eintritt in den Benediktinerorden in Österreich, Exerzitienleiter, seit September 2016 Seelsorger in Graz.

MIX
Papier aus verantwortungsvollen Quellen
FSC® C083411
FSC
www.fsc.org

www.herder.de

Umschlaggestaltung: Verlag Herder GmbH, Freiburg im Breisgau
Umschlagmotiv: © Ditty_about_summer/shutterstock

Satz: post scriptum, Vogtsburg-Burkheim/Hüfingen
Herstellung: CPI books GmbH, Leck

Printed in Germany

ISBN Print 978-3-451-37667-2

Inhalt

Die sieben Worte der Barmherzigkeit

Die sieben Gesten der Barmherzigkeit

Die sieben Bilder der Barmherzigkeit

Ein paar Gedanken vorweg

Jeder Mensch braucht Zeit für sich: eine Auszeit vom Alltag, Auszeit von den anderen, von sich selbst.

Einmal im Jahr genieße ich eine solche Woche bei einer befreundeten Familie auf der Alm auf fast 1600 Metern Höhe. Ich schaffe es ohne Handy und ohne ständigen elektrischen Strom. Ich muss allerdings mit dem Schalk im Nacken gestehen: Es gibt dort auch kein Funknetz und nur zum Kühemelken wird das Stromaggregat eingeschaltet.

Ansonsten wirkt es geradezu kitschig: eine wunderschöne Berglandschaft mit Gipfelkreuz, Fichten- und Lärchenwälder, Wanderwege, ein Bach, der je nach Regen mehr oder weniger (be-)rauschend ist; eine Almhütte mit eigener Käseproduktion; Kühe, Hasen, Katzen, Enten, Hühner vom Nachbarn mit einem stolzen Hahn … – All das bei einer Familie mit vier Kindern und einer Praktikantin. Mittendrin habe ich meinen Platz – am Tisch beim Essen und oft draußen auf der Bank mit dem Laptop.

Spätestens ab 18 Uhr sind wir nur noch unter uns, weil die Wanderer längst wieder im Tal sind. Wir sitzen dann bei Kerzenschein um den Küchentisch in der Stube, ringen bei Brettspielen um den ersten Platz, genießen gemeinsam die Jause und wir Erwachsene trinken ein gutes Glas Wein oder Bier. Manchmal führen wir aber auch tief gehende Gespräche über Gott und die Welt oder erzählen witzige Geschichten. Draußen regnet oder stürmt es, manchmal beherrscht einfach nur still der tiefschwarze, klare Nachthimmel mit den Sternen die Bergszenerie. Oder es ist Vollmond. Oder wir sitzen am Lagerfeuer … Oder wir grillen oder oder oder …

Das ist es, was ich als Auszeit brauche! Eine Auszeit für die Seele, nur für mich! Hier kommt meine Seele zur Ruhe, hier genieße ich die frische Luft, die Schöpfung mit allen Pflanzen und Tieren. Hier erfahre ich Gott hautnah. Es ist eine besondere Form der »Auszeit«. Hier habe ich auch einen Teil dieses Buches geschrieben.

Auf den kommenden Seiten möchte ich Sie deshalb zu einer Auszeit einladen: Exerzitien im Alltag. Sie müssen dazu nicht auf eine Alm fahren. Es kann mitten in der Stadt sein, mitten im Hochhaus in der 11. Etage. Wie das gehen kann mit diesen »Exerzitien«, erfahren Sie in der Anleitung, die nun folgt.

Ich wünsche Ihnen eine gute Erfahrung – mit sich selbst und mit Gott!

Rainer-Matthias Müller

Anleitung für Ihre Exerzitien im Alltag

Durch den Jahresurlaub können wir Kraft tanken für all das, was an Herausforderungen unser Leben spannend und stressig macht. Während der Woche ist es das Wochenende mit dem Sonntag, der uns eine kleine Auszeit vom Alltag ermöglicht. Aufs Jahr hin betrachtet, kann uns die jährliche Fastenzeit auf den Geschmack bringen, wie wir unser Leben noch intensiver genießen können. Dazu möchte ich Ihnen diese »Exerzitien im Alltag« (EiA) anbieten.

Vielleicht haben Sie zum ersten Mal die Absicht, Exerzitien im Alltag zu halten. Ich kann mir vorstellen, dass Sie viele Fragen haben. Lassen Sie mich Ihnen das ein oder andere erläutern, sofern Sie ganz alleine Exerzitien machen möchten. Sollten Sie in Ihrer Pfarrei Exerzitien im Alltag für eine Gruppe anbieten, finden Sie hier ebenfalls ausführliche Hinweise, u. a. für den ersten Abend in der Gruppe, für die wöchentlichen Reflexionstreffen und die Abschlussrunde nach Ostern.

Grundsätzlich biete ich Ihnen über das Buch hinaus meine Hilfe auch online an, d. h. über meine Homepage www.martyria.de können Sie gerne Kontakt mit mir aufnehmen. Per E-Mail oder Skype können wir direkt kommunizieren. Auf meiner Homepage finden Sie zudem noch weiteres Material. Ich komme später immer wieder darauf zu sprechen!

Doch fangen wir ganz vorn an. Die Überschriften helfen Ihnen, das ein oder andere Thema rasch wiederzufinden. Die »Fortgeschrittenen« können damit natürlich auch Seiten überspringen.

Übung macht den Meister

Sicherlich erinnern Sie sich noch an die Zeiten in der Schule, in denen Sie in allen Fächern Übungen machen mussten, zuhause oder aber sofort im Unterricht. Allein die ersten Buchstaben in der Grundschule zu schreiben war »reine Übungssache«. Noch heute bedeutet »exercice« im Französischen wie im Englischen nichts anders als »Übung«. Genau das werden wir also in den kommenden Wochen bis Ostern tun: Gemeinsam üben! Wir üben uns ein, jeden Tag einem Ritual zu folgen, jeden Tag in der Heiligen Schrift zu lesen, jeden Tag in die Stille zu gehen, jeden Tag auch mit eigenen Worten ein Gebet zu formulieren. Der Erfolg der Übungen ist: Irgendwann klappt es wie am Schnürchen!

Der theologische Begriff »Exerzitien« geht auf den Spanier Ignatius von Loyola (1491–1556) zurück, den Gründer der Gemeinschaft der »Jesuiten«. Ignatius selbst war Offizier und vertraut mit einem täglich immer wiederkehrenden Ablauf. Soldaten mussten auf einem Platz »exercieren«, also die stets gleichen Schritte und Grußformeln einüben. Und so wie die Gänse absolut synchron neben- oder hintereinander marschieren, so marschieren Soldaten auch im Gänsemarsch. Das richtige Tempo, der richtige Schritt – auch darum geht's in den Exerzitien. Schritt für Schritt zum Beispiel bei der Betrachtung der Bibeltexte, aber auch mit der nötigen Zeit dafür. Ich selbst habe im Laufe meiner zwei Jahrzehnte als Priester die Erfahrung gemacht, dass ich beim Stundengebet besser laut spreche als leise, weil ich mir beim stillen Gebet oft die Zeit nicht gönne, die Sätze ganz auszusprechen. Meine Empfehlung daher auch an Sie: Lesen Sie die Bibeltexte immer laut und sprechen Sie auch die selbst formulierten Gebete laut. Sie sind konzentrierter!

Es gibt aber einen entscheidenden Unterschied zum militärischen Üben des Offiziers Ignatius von Loyola: Uns geht es nicht um Uniformität! Keine Gleichschritt-Spiritualität! Aber wir üben regelmäßig … Mitten in der uns vertrauten Alltagsroutine. Möchten Sie sich darauf einlassen? Ich verspreche Ihnen, dass diese Exerzitien zu Auszeiten für die Seele werden.

Das Thema: Barmherzigkeit ist immer aktuell

Das Thema der Exerzitien im Alltag kreist um »Barmherzigkeit«. Auch wenn das »Jahr der Barmherzigkeit«, das Papst Franziskus für 2015 ausgerufen hatte, schon hinter uns liegt, so bleibt die Sehnsucht nach gelebter Barmherzigkeit in und außerhalb der Kirche immer gegenwärtig. Abgehakt ist sie jedenfalls nie! Das Ziel ist daher »dran zu bleiben«, wie man so schön sagt, sensibler und achtsamer zu werden für die eigenen Bedürfnisse nach Barmherzigkeit und im Umgang mit anderen Menschen. Es ist nämlich der Alltag mit seinen Tücken und Herausforderungen, der uns oft oberflächlich urteilen lässt. Rasch sind wir dabei, mit dem Finger auf andere zu zeigen, eigene Bewertungsmaßstäbe zu setzen und unbarmherzig zu werden. Da sind wir alle gefährdet! Das Einüben also, sich nicht zum Richter zu machen, sondern der Weisung Jesu »*Barmherzigkeit will ich, nicht Opfer!*« (Matthäus 9,13 und 12,7) zu folgen, ist für alle Menschen, gleich welcher Religion, ein »Muss«.

Schließlich erwarten wir uns auch, dass man uns barmherzig ist, wenn wir scheitern oder Fehler machen. Leider hat sich in unserer Gesellschaft die grundsätzliche Haltung eingeschlichen, dass irgendein Kopf erst mal rollen muss, damit – wie bei alten archaischen Opferritualen – die Götter besänftigt sind … Aber der Verfasser des Jakobusbriefes hat schon recht, wenn er schreibt: »*Das Gericht ist erbarmungslos gegen den, der nicht mit Erbarmen gehandelt hat. Erbarmen triumphiert über das Gericht.*« (Jakobus 2,13) Wer sich biblisch noch mehr mit dem Thema der Barmherzigkeit auseinandersetzen will, wird im Buch Tobit fündig. Von den rund 50 Nennungen des Begriffes in der Heiligen Schrift findet sich ein gutes Dutzend allein in dieser kleinen Schriftrolle. Es soll nur eine Anregung sein.

Die Form der Bibelbetrachtung – »Lectio divina«

Jeden Tag wird ein Bibeltext im Zentrum Ihrer Meditation stehen. Er kreist natürlich um die Barmherzigkeit. In diesem Buch finden Sie von mir bereits eine Hinführung zu diesem Bibeltext, oft ist es auch eine erste Auslegung. Doch der wichtigste Interpret der Bibel sind immer noch Sie selbst mit Ihrem Leben! Deshalb sollen Sie diese Texte lesen. Eine »lectio« also, eine Übungslektion jeden Tag. »Lectio divina« heißt wörtlich »Göttliche Lesung«. Gemeint ist eine alte Form von Schriftmeditation, d. h. eine biblische Versenkung in das Wort

Gottes. Ich steige mit meinen Gedanken und Gefühlen in den Bibeltext wie in einen Trog mit Wasser hinein und suche den Kontakt einerseits zu mir und zu dem, was dieser Text in mir bewirkt. Zugleich aber trete ich in das Geschehen oder die Aussagen des Textes ein und stelle mich in Bezug zu ihnen. Denken Sie sich einfach eine Theaterbühne, auf der der Bibeltext inszeniert wird (wie bei einem Bibliodrama). Konkret kann dies bedeuten, dass ich auch den handelnden Personen in einer »Als-ob-Form« gegenübertrete. Ich betrachte, wo mein Platz in dieser Handlung ist, ob ich eine der benannten Personen bin, ob ich z. B. Jesus direkt begegne, ob er mich ansieht, mich anspricht usw.

Vier Phasen prägen die »lectio divina«. Es ist die *Lectio* (Lesung), die *Meditatio* (Besinnung), die *Oratio* (Gebet) und die *Contemplatio* (Ruhen bei Gott). Für den heiligen Benedikt sind sie Fundament des geistlichen Lebens. Er fordert sie immer wieder mahnend für seine Mönche ein. Diese vier Stufen dürfen jedoch nicht als starres System oder Korsett verstanden werden, denn im geistlichen Leben, in dem sich der Mensch von Gottes Geist führen lässt, sind die Übergänge fließend. Diese vier Stufen gleichen vielmehr einer Treppe, auf der der Beter auf- und absteigt, hin und her geht, so wie der Geist es dem Suchenden eingibt.

Der klassische Ablauf der Lectio divina ist folgender:

- Zur Ruhe kommen – ein- und ausatmen – »Hier bin ich!« sagen
- Gebet zum Einstieg

- LECTIO (Bibeltext wird vorgetragen / Stille / jeder liest den Text noch einmal für sich)
- MEDITATIO (Inneres Bild vom Geschehen / Was spricht mich an? / Wer spricht zu mir? / Welche Worte berühren mich?)
- ORATIO (Gebet aus der Betrachtung heraus: Bitte / Lob / Dank, laut oder still)
- CONTEMPLATIO (Sich in Gott fallen lassen, zur Ruhe kommen / Stille / Atem)
- Ehre sei dem Vater … zum Abschluss

So können Sie Ihrer Schriftbetrachtung jeden Tag einen immer gleichen Ablauf geben und mit der Zeit geht es ganz von selbst. Schauen wir uns die einzelnen Phasen unter der Lupe an:

Die »Lectio«

»Lectio« bedeutet ja »Lesung«. Damit ist ein besinnliches und langsames Lesen gemeint. Wenn jemand einen handgeschriebenen Brief von einem guten Freund oder seinem Lebensgefährten bekommt, wird er jedes Wort »verkosten«. Er wird versuchen, zwischen den Zeilen zu lesen und wichtige Passagen, die die Liebe des Absenders ausdrücken, werden wieder und wieder gelesen, bis er sie auswendig kann. Diese Worte werden zu einer Art »Seelennahrung«. Die alten Mönche raten, dass man beim Lesen der Heiligen Schrift so vorgehen sollte, als lese man den Text zum ersten Mal und warte förmlich darauf, von Gott angesprochen zu werden. Nicht immer sind die Texte der Bibel angenehm. Manchmal trösten sie, aber sie können auch provozieren, zur Bekehrung herausfordern, den Leser mit Tatsachen und Wahrheiten konfrontieren. Menschen, die uns lieben, sagen uns manchmal auch schwer annehmbare Wahrheiten. Aber diese schmerzlichen Aussagen, der Spiegel, den sie uns vor Augen halten, enthalten vermutlich genau das, was wir hier und jetzt brauchen. Das Lesen der Bibel fängt für gläubige Christen daher immer mit der Frage an: »Was willst du mir sagen, Herr?«

Die »Meditatio«

Zur Meditation gehört die »Ruminatio«, wörtlich übersetzt das »Wiederkäuen« des Wortes. In der frühen Kirche wiederholten (murmelten) die Mönche oft einfach Worte der Schrift und zwar so lange, bis diese Worte in ihr Herz vorgedrungen waren. So wollten sie das bei der Lesung empfangene Wort aufgreifen und mit in den Alltag und seine Beschäftigungen nehmen. Auch heute ist das möglich. Denn wer kann nicht ein Wort der Schrift betend wiederholen, während er Bus oder Auto fährt, im Aufzug steht oder aber den Tisch deckt, Wäsche bügelt oder die Treppe hochgeht? Es gibt unzählige Möglichkeiten, im Laufe des Tages die Worte Gottes zu wiederholen. Im Gegensatz zu den östlichen Religionen, wo Meditation das Bemühen meint, zu einer bildlosen Erfahrung der göttlichen Wirklichkeit zu gelangen, so ist die jüdisch-christliche Meditation anders beschaffen. Meditation bedeutet hier ein aktives Bemühen, in den Bibeltext einzudringen. Es geht um die Fragen: Wo komme ich hier im Text vor? Was ist die Botschaft für mich? Dabei kann es helfen, Zusammenhänge zwischen der Geschichte Gottes und der Erlösung und seiner eigenen Lebensgeschichte herzustellen. Erinnerungen, Erfahrungen, Gefühle, Sehnsüchte und Intuitionen sind gefragt, damit der Leser den Text als seinen Text verstehen kann. Es geht darum, sich mit dem Wort Gottes vertraut zu machen, damit der Mensch von ihm getragen und geformt wird. Eine Hilfe dabei ist auch, sich den Text wie auf einer Theaterbühne als Inszenierung vorzustellen und dabei auch eine Rolle anzunehmen und durchzuspielen – die Szene zu durchleben.

Die »Oratio«

Das Gebet ist eine Art spontane Antwort auf Gottes Rufen. Das, was mir als dem Leser bei der Betrachtung aufgegangen ist, führt mich zum Gebet. Es ist hiermit die spontane Antwort auf das Gelesene gemeint. Während der »Orator« im alten Rom der öffentliche Redner war und die »Oratio« heute immer noch das öffentliche Gebet des Priesters in der Gemeinde meint, so ist die »Oratio« in der Schriftlesung, der Schrei, das Rufen des Herzens zu Gott. Es ist die Antwort des Menschen, der sich ganz persönlich vom Wort Gottes berührt weiß. Vielleicht ist ein Leser der Bibel in Trauer und der Text lässt ihn vor Schmerz aufschreien. Wut und Frustration können ausgedrückt oder aber eine Sünde bekannt werden. Oder aber der Leser ist dankbar für das, was Gott für ihn getan hat.

Freude und Lobpreis über Gottes Nähe sind eine andere Reaktion. Zwar sind auswendig gelernte Gebete immer eine Möglichkeit, falls alle Stricke reißen, aber gemeint ist eigentlich das freie, spontane, eigene Gebet! Für jene, die sich dennoch damit schwertun, hier ein Barmherzigkeitsgebet, das sie so auch an dieser Stelle sprechen können.

Anleitung zum Barmherzigkeitsgebet:

Menschenfreundlicher Gott, barmherziger Vater,
du bist treu und gütig, selbst wenn ich dich aus dem Blick verliere,
du bist mir immer nahe, selbst wenn ich dich nicht spüre.

Nichts in meinem Leben ist dir verborgen,
aber ich brauche mich auch nicht zu fürchten vor dir.
Zu dir darf ich immer kommen,
mich immer an dich wenden.

Selbst, wenn ich mich von dir getrennt habe,
deine Tür steht immer offen,
bin ich dennoch bei dir zuhause,
zu dir darf ich immer wieder heimkehren.

Oder:

Meine Zeit steht in deinen Händen,
bei dir bin ich aufgehoben und getragen

wie auf Flügeln eines Adlers,
trägst du mich durchs Leben,
hältst mich, schützt mich, ummantelst du mich.

Aber du weißt auch, dass ich immer wieder auch Fehler mache,
dass ich schwach bin,
dass ich andern gegenüber unbarmherzig bin,
dass ich urteile und verurteile;
dabei würde ein Blick in den Spiegel genügen,
um zu wissen, wie unvollkommen ich doch selbst bin.

Hab Dank, dass du mir gegenüber verzeihend bist,
mich so annimmst, wie ich bin,
mich liebst, obwohl ich nicht perfekt bin.

Hab Dank für alle Begabungen und Fähigkeiten,
für alles, womit ich mein Leben bereichern kann!
Du gibst mir immer wieder eine Chance,
mein Leben neu in die Hand zu nehmen,
aufzustehen und weiterzugehen.

Oder:

Barmherziger Gott,
du umschließt mich mit deiner Liebe,
sodass ich keine Angst zu haben brauche.
Wenn ich bei dir bleibe, finde ich mich selbst.

In diesen Momenten spüre ich:
Du bist der ewige Gott, der barmherzige,
der gegenwärtige,
der eine Gott.

In Jesus Christus zeigst du dich
sprichst zu mir, sprichst mich an.
In der Kraft deines Geistes
sagst du mir zu, dass ich immer neu beginnen darf.
Hab Dank dafür!

Die »Contemplatio«

Die letzte Phase meint das Verweilen in der Ruhe bzw. in der Stille. Ein altes Wort für diesen Schritt ist »Beschauung« (Kontemplation). Es ist das Eintreten in den Tempel der eigenen Seele. Einfach verweilen, still sein, bei sich bleiben. Nachdem der Mensch sein Herz vor Gott ausgeschüttet hat, ruht er nun vor Gott. Er schweigt, indem er seine Aufmerksamkeit einfach auf Gottes Gegenwart richtet. Contemplatio ist wie das Ausruhen in einer Hängematte, in der ich die Seele baumeln lasse und mich geliebt weiß von Gott. Ein pures »Dasein« vor ihm. Hier erwartet der Mensch nichts mehr, will auch nichts mehr wissen und bekommen, sondern einfach nur da sein in der Gegenwart Gottes. Es ist Aufmerksamkeit im Jetzt. Das Wesen dieses Gebets ist gut im Psalm 131 (Einheitsübersetzung von 1980) zusammengefasst: »*Ich ließ meine Seele ruhig und still werden; wie ein kleines Kind bei der*

Mutter ist meine Seele still in mir.« Dieser Friede des Kindes bei der Mutter ist ein Bild vollkommenen Friedens.

Anleitung zur Wahrnehmung meiner selbst in der Stille:

Ich setze mich in einer für mich angenehmen Körperhaltung hin.
Ich schließe die Augen.

Ich atme tief ein und aus.
Ich atme tief ein und aus.
Ich atme tief ein und aus.

Ich spüre, wie die Luft ganz mein Inneres füllt.
Ich lasse wieder los, langsam zieht der Atem davon.

Ich spüre meinen Körper.
Ich nehme den Ort um mich herum wahr – ohne die Augen zu öffnen.
Ich höre hin, lausche den Geräuschen, die noch zu hören sind.

Ich höre in mich hinein.
Ich höre das Schlagen meines Herzens.
Ich spüre, dass ich lebe, dass ich bin.
Ich bin im Hier und Jetzt.
Ich lebe.

Mein Körper ist der Tempel meines Lebens.
Meine Füße, meine Beine.
Mein Bauch, meine Brust, meine Schulter.
Meine Arme und Hände.
Mein Kopf mit meinen Augen, meinen Ohren, meiner Nase, meinem Mund.

Ich spüre mich als Mann bzw. Frau.

Ich atme ein und aus.

Ich werde ganz still. Gleichmäßig geht mein Atem in mich und aus mir heraus.
Ich bin ganz bei mir.
Ich ruhe in mir und in der Stille.
Ich ruhe in meinem Sein.
Ich neige mein Haupt vor dem Leben, das mir geschenkt ist.
Ich danke dir, mein Gott, für mein Leben.

Ich bin in dir, mein Gott, geborgen.

Sie finden diese Meditation auf meiner Homepage www.martyria.de als Audio-Datei zum Download, einmal mit Musik im Hintergrund und einmal ohne Musik.

Aus eigener Erfahrung kann ich Ihnen garantieren, dass Sie mit jedem Tag mehr vertraut werden in der »Lectio divina« und damit in der Betrachtung, dem Kernelement der Exerzitien im Alltag. Aber machen Sie sich bitte niemals Druck, wenn es Ihnen nicht auf Anhieb gelingt! Kein Tag wird wie der andere sein! Mal klappt es besser, mal sind Sie unruhig und es gelingt einfach nicht.

Immer am gleichen Ort verweilen

In der Regel verbringen wir unseren Tagesablauf an verschiedenen Orten, weil auch unsere Tätigkeiten verschieden sind. Gartenarbeit, Essensvorbereitung in der Küche, Aufräumen im Keller, Handwerken im Hobbyraum, Autoreinigung in der Garage oder Schreibtischarbeit in der Firma. Doch das Verweilen bei Gott und bei sich selbst braucht einen Ort, der immer konstant ist. Manche haben ohnehin in ihrer Wohnung ein Zimmer mit einer Meditationsecke eingerichtet. Andere richten sich im Wohnzimmer am Wohnzimmertisch einen Platz für die täglichen Übungen. Meine Empfehlung: Suchen Sie sich in Ihrem Haus bzw. in Ihrer Wohnung einen Platz, an dem Sie am besten nichts wegräumen müssen, sondern wo Kerze, Bibel, eine Ikone oder ein Kreuz immer liegen bleiben können. Schauen Sie, dass dieser Ort zu Ihrem kleinen »Tempel« wird, an dem Sie sich nicht selbst ablenken können!

Tägliche Zeitdauer ist die Basis

Täglich kommt auf Sie eine Zeit der persönlichen Betrachtung bzw. Mediation zu. Mein Tipp: Planen Sie sich zu Beginn ca. 20 Minuten ein, im Laufe der Zeit werden es 30 Minuten, vielleicht gönnen Sie sich im Laufe der Wochen sogar noch ein paar Minuten mehr. Warum? Weil das Bedürfnis danach größer wird! Wenn Sie erst einmal Geschmack daran gefunden haben, Zeit für sich und für Gott zu haben – dann spüren Sie, wie kostbar das ist! Es ist wie die Begegnung mit einer guten Freundin oder dem besten Freund, mit der oder dem man gern ein paar Stunden bei einem schönen Bier oder einem feinen Wein verbringt und sich austauscht.

Natürlich gibt es auch Momente, in denen wir überhaupt keine Lust haben, uns die richtige Stimmung fehlt. Doch gerade dann müssen Sie zu sich selbst etwas »hart« bleiben, d. h. gerade dann, sagt der heilige Ignatius, müssen wir trotzdem üben. Es ist wie mit den Fingerübungen beim Klavierspiel. Jeden Tag muss ein Musiker, wenn er wirklich gut sein will, sein Instrument zur Hand nehmen und üben. Das Gleiche gilt für die Sportler. Im Grunde kennen wir das also gut. Es gilt auch für das geistliche Leben. Deshalb kommen Ordensleute mehrmals am Tag zum Gebet zusammen. Der heilige Benedikt von Norcia (Gründer der Benediktiner) sagt in seiner Regel, dass es siebenmal sein soll. Uns genügt es, einmal Tag dieses Zeitfenster zu öffnen!

Ach ja, und wenn es Ihnen hilft: Stellen Sie sich eine Uhr mit Weckautomatik nach 20 oder 30 Minuten. Ich persönlich schalte mein Handy in dieser Zeit auf »Flugmodus« und stelle den Handy-Wecker auf eine gewisse Zeit. Wenn dann eine angenehme Melodie ertönt, werde ich sanft erinnert, langsam zum Ende zu kommen. Das kann ich Ihnen nur empfehlen, damit Sie zwischendurch nicht auf die Uhr schauen und Sie der inneren Frage »Wann ist es endlich soweit?« nachgehen wollen.

Der immer gleiche Zeitpunkt gewährt Verlässlichkeit

Vom heiligen Benedikt erfahren wir auch, dass diese Meditationszeiten immer zum selben Zeitpunkt sein sollen! Für uns und die Exerzitien im Alltag bedeutet das: Spüren Sie in den ersten Tagen einmal nach, ob Sie eher am Vormittag, am Nachmittag oder am Abend innerlich offen sind für eine Zeit der Meditation. Wenn Sie abends müde sind, sollten Sie Ihre Meditationszeit nicht erst auf den Einbruch der Nacht legen. Wenn der Vormittag eher geprägt ist von Anrufen und Hausarbeiten, dann ist das auch nicht günstig. Daher gibt es bei den Exerzitien im Alltag keine gemeinsame Zeit, so wie das bei Wochenexerzitien in Klöstern ist, wo die Gebets- und Meditationszeiten in der Regel fix sind. Bei sich zuhause müssen Sie das ganz allein für sich entscheiden. Selbstverständlich kann sich dies nach ein paar Tagen schon mal ändern, wenn Sie feststellen, dass der gewählte Zeitpunkt ungünstig war. Machen Sie sich keinen Druck und gönnen Sie sich auch diese Flexibilität. Aber wenn Sie dann für sich einen guten Zeitpunkt entdeckt haben – bleiben Sie bitte jeden Tag dabei! Das gilt auch dann, wenn Sie mal einen Tag lang unterwegs sind! Informieren Sie deshalb Ihren Ehepartner und Ihre Familie über Ihr Vorhaben, damit mit etwas Rücksicht auf diese besondere Zeit Ihr Projekt »Exerzitien im Alltag« gelingen kann!

Wöchentliche Aussprache und geistliche Begleitung

Kämen wir alle in einem Kloster für zehn Tage zu Exerzitien zusammen, dann würde der Exerzitienmeister Ihnen selbstverständlich täglich oder wenigstens jeden zweiten Tag ein Gespräch anbieten. Ich selbst bevorzuge Einzelexerzitien, in denen der Begleiter täglich für mich 15–20 Minuten Zeit hat, in denen ich ihm das Wichtigste an Erfahrung und meine Fragen mitteilen kann. Wichtig ist: Einer hört zu! Jemand nimmt wahr, was in mir vorgeht, ob ich der inneren Spur, dem »roten Faden« folge und mit Gott im Dialog bleibe. Denn Gott gibt durchaus Antworten auf meine Fragen, mein Suchen! Tief in meiner Seele spüre ich, was gut und richtig ist, so wie der Prophet Micha es an einer Stelle sagt: »*Es ist dir gesagt worden, Mensch, was gut ist und was der* Herr *von dir erwartet: Nichts anderes als: Recht tun, Güte lieben und achtsam mitgehen mit deinem Gott.*« (Micha 6,8) Oft sind es die Bibeltexte selbst oder die Psalmen, in denen mir Gott auch auf meine Lebenssituation eine Antwort auf meine Fragen gibt. Es ist genau jene Achtsamkeit auch mir selbst und Gott gegenüber, von der der Prophet hier spricht.

Darf ich Ihnen also eine Empfehlung aussprechen? Gönnen Sie sich die wöchentliche Aussprache mit einem Seelsorger oder einer Seelsorgerin, mit der Sie Ihr Projekt »Exerzitien im Alltag« schon im Vorfeld absprechen und einen wöchentlichen Termin vereinbaren – für die gesamte Zeit der Exerzitien. Darüber hinaus kann es auch sein, dass Sie ja mit einer Gruppe gemeinsam diese Wochen auf Ostern hin erleben. Dann nehmen Sie bitte an den wöchentlichen Austauschrunden teil! Die Erfahrungen, die Sie machen, sind in der Regel auch die Erfahrungen, welche die übrigen Teilnehmer und Teilnehmerinnen machen! Das verbindet Sie untereinander.

Sollten Sie niemanden finden, der Ihnen wöchentlich etwas Zeit schenkt, dann dürfen Sie sich gerne an mich selbst wenden. Nehmen Sie über meine Homepage www.martyria.de Kontakt mit mir auf! Wir können uns per E-Mail oder über Skype miteinander austauschen, sodass Sie nicht alleine den Weg gehen. Eines ist gewiss: Anders als sonst bereiten Sie sich so viel intensiver auf Ostern vor. Die Zeit der Exerzitien werden eine geistliche Übungszeit, ein spirituelles Trainingslager, wenn Sie so möchten.

Austauschrunden sind keine Therapieeinheiten!

Einen Vorbehalt muss ich allerdings doch aussprechen: Die wöchentlichen Austauschrunden in einer Pfarrei oder die Einzelgespräche mit einem Seelsorger sind keine therapeutischen Maßnahmen und ersetzen keine Gruppen- oder Einzeltherapie! Bitte, wenn Sie sich psychisch belastet fühlen, dann sind die Exerzitien im Alltag nicht der Ersatz für eine gute Gesprächstherapie! Manch ein Seelsorger oder manche Gruppe in der Pfarrei wäre damit überfordert, Ihnen die Achtsamkeit zu schenken, die Sie benötigen!

Sie wollen eine Gruppe in der Pfarrei begleiten?

Möglicherweise sind Sie schon ein erfahrener Teilnehmer an Exerzitien, haben schon selbst einmal Exerzitien im Alltag geleitet oder hegen die Absicht, in Rücksprache mit dem Pastoralteam oder gemeinsam mit einem Hauptamtlichen (oder als Hauptamtlicher allein) eine Gruppe in Exerzitien im Alltag zu begleiten und anzuleiten. Auf den folgenden Seiten möchte ich Ihnen einfach ein paar Hilfen anbieten – unabhängig davon, dass Sie selbst gewiss schon viele Erfahrungen gemacht haben.

Teilnehmerzahl einer Gruppe in der Pfarrei

In den vergangenen Jahren habe ich viele Erfahrungen mit Exerzitien im Alltag machen dürfen. In einem Pfarrverband mit 11 Pfarreien nahmen einmal 26 Personen teil, dazu noch 10 Personen online. Das war eine Herausforderung, die ich nur mit einer liebenswerten Kollegin bewerkstelligen konnte. Sie sollten sich also vorher überlegen: Lassen wir die Ausschreibung ganz »offen«, d. h. es können so viele Personen mitmachen wie möglich, oder begrenzen Sie direkt die Zahl auf 8–10 Personen. Optimal sind mit Ihnen acht Personen. Dann ist gewährleistet, dass auch alle in einer Runde zu Wort kommen. Wenn Sie in einem Team von zwei bis drei Begleitern eine solche Gruppe leiten, dann können auch schon mal

20 Leute mitmachen. Meine Empfehlung: Beginnen Sie dann die Austauschrunden gemeinsam, gehen Sie zum Austausch in die Kleingruppen, schließen Sie zu einer vereinbarten Zeit wieder gemeinsam ab. Wichtig scheint mir, dass Sie in jedem Fall einen Informationsabend einige Wochen vorher anbieten, damit alle wissen, worauf sie sich einlassen. Zum Ablauf des Infoabends und der Austauschrunden finden Sie weiter unten Material.

Rechtzeitig die Einladung schreiben – Informationsabend für Interessierte

Rund zwei Monate vor Beginn der Fastenzeit sollten Sie im Pfarrblatt und in den Gottesdiensten immer wieder auf das Angebot hinweisen und spätestens drei Wochen vor Aschermittwoch einen Informationsabend anbieten. Bei diesem Informationsabend (max. 1,5 Stunden Dauer) sollten Sie den Begriff der Exerzitien erläutern, im Raum selbst eine Meditationsecke einrichten (Kreuz / Ikone, Kerze, Bibel) und anhand eines Bibeltextes eine kurze gemeinsame Textbetrachtung durchführen. Danach stellen Sie das vorliegende Buch vor und gehen kurz die einzelnen Wochenthemen durch.

Möglicher Verlauf eines Informationsabends

Der Informationsabend dauert ca. 1,5 Stunden und hat folgenden Ablauf:

- 15 Minuten: Begrüßung und kurze Runde »Wieso interessiere ich mich für Exerzitien im Alltag?«
- 15 Minuten: Erläuterung des Begriffs Exerzitien, Zeitfenster, Dauer, Einrichtung (siehe dazu die Erläuterungen weiter oben)
- 30 Minuten: Gemeinsame Übung anhand eines Bibeltextes (z. B. Markus 10,46–52; siehe den Unterpunkt weiter oben zur »Lectio divina«)
- 15 Minuten: Vorstellung des Themas und des Buches
- 15 Minuten: Offene Fragen, Termine etc. – Verabschiedung

Sinn und Zweck der wöchentlichen Austauschrunden

Die wöchentlichen Austauschrunden werden – wie die geistlichen Übungen daheim – von Woche zu Woche auch routinierter. Immer geht es auch darum, einander zu helfen durch die eigenen Erfahrungen. Das heißt nicht, andere zu belehren, sondern hinzuhören und Gemeinsames zu entdecken, die anderen zu bestärken, durchzuhalten, auch wenn es mal Durststrecken gibt! Und die kommen! Eine Austauschrunde sollte ebenfalls (bei acht Personen) nicht länger als 1,5 Stunden dauern. Die Aufnahmefähigkeit ist einfach nicht unbegrenzt und es geht – wie schon gesagt – nicht um eine Selbsthilfe- oder Therapiegruppe!

Ablauf einer wöchentlichen Austauschrunde

So kann die Austausrunde ablaufen:

- 5 Minuten: Begrüßung und gemeinsames Lied sowie Gebet
- 45 Minuten: Austausch in Kleingruppen (eigene Räume vorbereiten)
- 15 Minuten: Kurzer Bericht in der Großgruppe über die Themen der Kleingruppen
- 15 Minuten: Gemeinsame Schrift- und Stilleübung
- 10 Minuten: Vorstellung des Wochenthemas anhand des Buches

Kernfragen für den Austausch in den Kleingruppen können sein:

- Wie ist es mir mit meiner Zeiteinteilung / meinem Ort in der Wohnung gegangen?
- Was brauche ich, damit ich mich leichter tue?
- Was hat überhaupt nicht geklappt, woran könnte es liegen?
- Welches Thema hat mich berührt, was löst dies oder jenes bei mir aus?

Grundsätzlich habe ich den Teilnehmerinnen und Teilnehmern immer gesagt, dass sie zu den »inneren« Vorgängen nur so viel von sich mitteilen, wie sie möchten. Niemand ist gezwungen, seine Seele preiszugeben! Spiritualität ist etwas Intimes. Andererseits lebt aber gerade der Austausch davon, dass man auch über den Glauben spricht, über Gefühle und Gedanken, über Zweifel und Fragen. Trauen Sie sich also!

Die Gestaltung des Abschlussabends nach Ostern

Manche Teilnehmer sagten nach sieben Wochen Exerzitien im Alltag: »Jetzt könnte es gerade so weitergehen!«, andere wiederum: »Es ist auch gut, dass es jetzt zu Ende ist.« Beides hat seine Berechtigung. Aber jede Übungszeit ist auch mal beendet. Deshalb ist das Zelebrieren des Abschlusses entscheidend! Wissend, dass manche in der Woche nach Ostern in Urlaub fahren, müssen Sie sich überlegen, ob Sie in der Osterwoche oder eben erst zwei Wochen später den Abschlussabend machen. Keine Angst, es geht nichts an Erfahrung verloren! Manches driftet zwar schon etwas in die Weiten des Gedankenuniversums ab, aber wenn die Teilnehmenden sich hier und da Notizen gemacht haben, bleiben die Erfahrungen gespeichert.

Worauf kommt es beim Abschlussabend an? Noch einmal wird natürlich ein Austausch sein, das ist klar. Aber der nimmt nun die ganze Zeit in den Blick. Nicht mehr die einzelne Erfahrung soll im Vordergrund stehen, sondern vielmehr die Frage: Was hat sich durch diese Exerzitien in meinem Leben verändert? Häufig wird genannt: Der Zugang zur Bibel ist ein anderer; die Stille hat gutgetan, der Austausch mit anderen über den Glauben und die Zweifel haben bestärkt etc. Doch noch etwas ist wichtig. Manche werden auch gefastet haben. Deshalb sollte an diesem Abschlussabend auch eine Agape stehen. Wenn es möglich ist, nutzen Sie zwei Räume! Ein Raum wird der Ort des Austauschs sein – mit einem Stuhlkreis. Im zweiten Raum sollten Tische bunt und festlich für die Agape gedeckt sein (in U-Form oder im Quadrat angeordnet). Schlagen Sie den Teilnehmern vor, sie mögen doch (nach Absprache) das ein oder andere zum Essen und Trinken mitbringen. Ein Austausch auch an kulinarischen österlichen Köstlichkeiten! Wenn Sie ein kleines Ostergeschenk vorbereitet haben, dann rundet das die Atmosphäre ab! Was die Zeit angeht: Planen Sie gut zwei Stunden für den letzten Abend ein!

Vorschlag für einen solchen Abschlussabend

Der Abschlussabend dauert ca. 2 Stunden und hat folgenden Ablauf:

- 5 Minuten: Begrüßung und gemeinsames Lied sowie Gebet
- 45 Minuten: Austausch in Kleingruppen (eigenen Raum vorbereiten), evtl. mit Fragebogen für Sie als Leiter/in
- 15 Minuten: kurzer Bericht in der Großgruppe über die Themen der Kleingruppen
- 15 Minuten: gemeinsames Dankgebet nach einem österlichen Bibeltext
- 40 Minuten: Agape (gemeinsames einfaches Mahl)

Zusätzliches Material und Impulse auf meiner Homepage

Sofern Sie weiteres Material (Vorlagen) suchen, z. B. Einladungen zu einem Informationsabend oder einen möglichen Ablauf eines solchen Reflexionstreffens, so finden Sie dies auf meiner Homepage *www.martyria.de* unter *EIA_Buch*. Dort finden Sie weitere Impulsbilder und Gebete.

Jesus selbst ist der beste Exerzitienmeister!

Lassen Sie mich zum Schluss noch einmal auf das Thema dieser Exerzitien im Alltag zurückkommen. Es geht um Barmherzigkeit. Für uns Christinnen und Christen jedenfalls hat keiner anderer den Begriff der Barmherzigkeit so mit Leben gefüllt wie Jesus selbst. Seine Art, Menschen zu begegnen, beschämt noch heute all jene, die Menschen mit Verachtung begegnen. Aber Sie werden mit diesem Buch durch die Bibel hindurchgeführt und entdecken auch einen neuen Zugang zur Heiligen Schrift – das haben mir zumindest Teilnehmer dieser Exerzitien im Alltag immer wieder bestätigt.

Ich wünsche Ihnen – sofern Sie sich darauf einlassen können – dass Sie neue Schritte im Glauben gehen und sich so selbst und Gott näher kommen. In der Person Jesu begegnen Sie einem großartigen Exerzitienmeister des Lebens! Am Ende werden Sie die Erfahrung machen, dass eine solche Intensivzeit des Glaubens die Seele mehr bereichert als ein paar Wochen Urlaub auf einer Insel …

PS: Wundern Sie sich nicht, wenn Ihre Übersetzung der biblischen Texte von meinen abweichen. Ich habe die neue Übersetzung der Einheitsübersetzung zur Grundlage genommen. Wenn Sie möchten, legen Sie sich auch ein solches Exemplar zu!

Empfehlen kann ich darüber hinaus auch *»Das Neue Testament. Eine Übersetzung, die unsere Sprache spricht«* von Albert Kammermayer!

Sich einen Zeit-Raum einrichten

Wie beim Kochen oder Backen müssen wir uns für diese Exerzitien im Alltag vorbereiten. Daher hier noch mal in aller Kürze ein 10-Punkte-Plan, der Ihnen helfen kann, sich entsprechend einzurichten:

1. Zunächst bitte ich Sie, sich *einen Raum* in Ihrem Haus oder Ihrer Wohnung zu suchen, in dem Sie niemand stören kann.

2. Schauen Sie einmal, *zu welcher Zeit* im Laufe des Tages es Ihnen möglich ist, ohne Unterbrechung etwa 30 Minuten Zeit nur für sich zu haben. Schalten Sie das Handy während dieser Zeit immer auf »Flugmodus«, sodass nicht das Handy den Ton angibt.

3. Gestalten Sie *diesen besonderen Ort* mit einem Kreuz, einer Ikone, einer Kerze oder einer leeren Schale – oder einem Gegenstand, der Ihnen hilft, zur Ruhe zu kommen und sich zu konzentrieren.

4. Legen Sie *die Heilige Schrift* immer an Ihre Seite, lassen Sie die Bibelstelle, die an diesem Tag vorgesehen ist, immer offen liegen und versuchen Sie, nach den vier Schritten der »Lectio divina« Ihre Meditation zu gestalten!

5. Beginnen Sie diese Zeit der Mediation bewusst mit dem *Kreuzzeichen und einem Gebet zum Heiligen Geist.* Schließen Sie die Betrachtung danach mit einem »Ehre sei dem Vater und dem Sohn und dem Heiligen Geist!« bewusst wieder ab.

6. Wenn Sie sich abgelenkt fühlen, sprechen Sie einfach *das Jesus-Gebet* immer mal wieder. Es ist sehr einfach und lautet: »*Jesus Christus, erbarme dich meiner!*«

7. Wenn es für Sie *eine Hilfe* ist, dann gönnen Sie sich morgens 5–10 Minuten zum Durchlesen bzw. Betrachten des Impulses, am späten Nachmittag oder abends dann 30–35 Minuten zur Reflexion, was der Text oder das Bild tagsüber in Ihnen ausgelöst hat.

8. Machen Sie sich *Notizen* oder malen Sie *Gedanken-Bilder* von dem Gefühlten, Gedachten, Erlebten.

9. Nutzen Sie die Chance, *wöchentlich* an einer *Austauschrunde* teilzunehmen, oder nehmen Sie mit dem Autor über seine Homepage *www.martyria.de* Kontakt auf und bitten Sie ihn, Sie zu begleiten.

10. Feiern Sie *sonntags den Gemeindegottesdienst* mit Freude mit, nehmen Sie das in der Woche Erlebte mit in Ihr Gebet hinein!

Gebet zum Beginn der täglichen Betrachtung:

Komm, Heiliger Geist,
sei du jetzt in mir, durchströme meine Seele mit deiner Kraft.

Öffne mir die Augen meines Herzens,
damit ich erkenne, auf welchen Weg du mich führen willst!

Komm, Heiliger Geist, erleuchte meine Gedanken,
damit ich klarer erkenne, was richtig und gut für mich ist.

Komm, Heiliger Geist, schenke mir Mut, den Spuren Jesu zu folgen,
ihn im Alltag zu bezeugen als den Sohn Gottes, meinen Bruder und Meister.

Amen.

Gebet zum Abschluss der täglichen Betrachtung:

Herr Jesus Christus, Sohn des lebendigen Gottes,
dein Wort öffnet mir alle Sinne für das Leben.

Ich danke dir für diese Zeit mit dir.

Es tut mir gut, in deiner Nähe zu sein.

Lass mich immer mehr in der Beziehung zu dir wachsen,
damit ich aus deinem Geist leben und handeln kann.

Ehre sei dem Vater durch den Sohn im Heiligen Geist.
Wie im Anfang, so auch jetzt und alle Zeit und in Ewigkeit. Amen.

Die sieben leiblichen Werke der Barmherzigkeit

Aschermittwoch bis Dienstag der 1. Fastenwoche

1. Tag: »Die Hungrigen speisen«

Aschermittwoch

Ganz selbstverständlich öffnen wir jeden Tag den Kühlschrank und ebenso selbstverständlich richten wir uns morgens, mittags und abends etwas zum Essen her. Wissen Sie eigentlich, was sich alles bei Ihnen zuhause an Essbarem befindet? In den Supermärkten erwartet uns eine riesige Auswahl an Lebensmitteln. Wir leiden keinen Hunger! Alle *Lebens-Mittel* stehen uns zur Verfügung, unabhängig von der Saison. Leider wird auch vieles weggeworfen.

Neben dem alltäglichen Hunger, der durch Arbeit und Bewegung und den natürlichen Verbrauch von Kalorien entsteht, kennen wir auch Hungerkatastrophen durch Missernten oder Kriege. Erschütternde Bilder von abgemagerten Menschen in den Entwicklungsländern sind uns aus den Fernsehnachrichten vertraut.

Doch auch in unseren Städten finden sich mehr und mehr Menschen, die in den Fußgängerzonen knien oder stehen und die Hände aufhalten. Pappkartons mit der Aufschrift *»Ich habe Hunger!«* haben wir alle schon gelesen. Manch einer hat schon eine Wurstsemmel gekauft und jemandem geschenkt, der auf diese Weise um Essen bat. Vielleicht können wir dem Wort Jesu *»Gebt ihr ihnen zu essen!«* heute Raum geben – ganz praktisch und konkret!

Lesen Sie jetzt: *Markus 6,30–44*

Der heutige Aschermittwoch ist ein strenger Fast- und Abstinenztag. Wir tun gut daran, heute wirklich die Nahrung auf ein Minimum zu reduzieren. Wasser und ein Stück Brot oder Obst – sofern dies Ihr gesundheitliches Wohlbefinden zulässt. Somit spüren wir dem Hunger – dem Magenknurren – etwas nach. Es reinigt dazu auch unseren Leib und macht den Kopf freier!

Es gibt aber noch einen spirituellen Hunger, der über den physischen hinausgeht. Es ist der Hunger nach dem *Wort Gottes*:

»*Siehe, es kommen Tage – Spruch* G*OTTES*, *des Herrn –, da schicke ich Hunger ins Land, nicht Hunger nach Brot, nicht Durst nach Wasser, sondern danach, die Worte des* H*ERRN zu hören. Dann wanken sie von Meer zu Meer, von Norden nach Osten ziehen sie, um das Wort des* H*ERRN zu suchen; doch sie werden es nicht finden.*« (Amos 8,11–12)

Impulsfrage: *Nach welchem Wort hungert Ihre Seele?*

2. Tag: »Den Dürstenden zu trinken geben«

Donnerstag nach Aschermittwoch

Auf Wanderungen empfiehlt es sich, ausreichend Wasser mitzunehmen. Dies gilt unabhängig davon, ob es sich um eine Bergtour oder eine Reise in die Wüste handelt. Wenn einem die Zunge am Gaumen klebt, wie es das Bildwort sagt, spürt man erst, wie sehr man auf diese kostbare Flüssigkeit angewiesen ist. Zwei bis drei Liter Wasser sollten wir ohnedies täglich trinken und bleiben doch oft unter dieser Maßgabe.

Das biblische Gerichtswort in Mt 25,35 greift den physischen Durst auf: »*Ich war durstig, und ihr habt mir zu trinken gegeben!*« Es ist ein Werk der Barmherzigkeit, einen Menschen nicht verdursten zu lassen, denn dies führt unweigerlich zum Tod. Die Erzählung vom Volk Israel, welches durch die Wüste wandert, zeigt auch, wie aggressiv ein Mensch werden kann, wenn ihm Wasser fehlt. Mose muss sich Vorwürfe anhören: »*Gebt uns Wasser zu trinken!*« (Exodus 17,2) und »*Wozu hast du uns überhaupt aus Ägypten heraufgeführt, um mich und meine Söhne und mein Vieh vor Durst sterben zu lassen?*« (Exodus 17,3). Doch wie groß muss erst der Durst des Psalmenbeters gewesen sein, der im Psalm 63,2 ausruft: »*Gott, mein Gott bist du, dich suche ich, es dürstet nach dir meine Seele. Nach dir schmachtet mein Fleisch, wie dürres, lechzendes Land ohne Wasser.*«

Zeiten der Dürre, ohne einen Tropfen Regen, machen allen zu schaffen: Menschen, Tieren und dem Land. Dabei ist es so leicht, den Wasserhahn im Bad aufzudrehen. Wie erfrischend ist kühles Bergwasser, wie kristallklar! Franz von Assisi lobt und preist Gott für »Schwester Wasser«: »*Gelobt seist du, mein Herr, durch Schwester Wasser, gar nützlich ist es und demütig und kostbar und keusch.*«

Lesen Sie jetzt: *Johannes 4,1–26*

Ähnlich wie beim Hunger gibt es auch noch einen anderen Durst. Jesus kann den Durst löschen, er schenkt uns »lebendiges Wasser«. Die Frau im Evangelium hat einen Wunsch: »*Herr, gib mir dieses Wasser, damit ich keinen Durst mehr habe und nicht mehr hierherkommen muss, um Wasser zu schöpfen!*« (Johannes 4,15) Das »lebendige Wasser«, von dem Jesus spricht, ist *er* selbst. »*Ich bin es, ich, der mit dir spricht!*« (Johannes 4,26) heißt es am Ende. Der Gesalbte Gottes ist lebendiges Wasser.

Impulsfrage: *Wo finden Sie in Ihrem Leben diesen Brunnen?*

3. Tag: »Die Nackten bekleiden«

Freitag nach Aschermittwoch

Als Babys und Kleinkinder stört es uns wohl wenig, nackt durch die Wohnung oder am Strand zu laufen. Je älter wir aber werden, umso mehr schützen wir uns – wir schämen uns. Scham ist ein wichtiges Gefühl. Es dient dem Selbstschutz. Ein großer Unterschied besteht darin, ob jemand vor anderen *»entblößt«* dasteht, so wie er ist, wie der Mythos vom Paradies den Menschen beschreibt, oder ob wir *»bloßgestellt«* werden – man uns in der Öffentlichkeit erniedrigt und demütigt, wie es gerade auch in Kriegsgebieten immer wieder geschieht, aber auch in den Gefängnissen, wenn Häftlinge sich regelmäßig nackt ausziehen müssen, um von Wärtern gedemütigt zu werden.

Der nackte Mensch ist im Grunde der ohnmächtige Mensch. Jesus stirbt nackt und bloßgestellt am Kreuz. Welche Schmach! Welche Erniedrigung! Die Heilige Schrift erzählt uns, dass der Mensch im Anfang der Welt *»nackt«* war vor Gott (Genesis 3,7). Damit steht Nacktheit auch für unser wahres So-Sein. In Buch Genesis lesen wir, dass sich Mann und Frau ursprünglich in ihrer Nacktheit *nicht* voreinander schämten (Genesis 2,25). Doch als sie dies erkannten, verhüllten sie ihre Scham durch einen Schurz aus Feigenblättern. Die Scham können wir nachvollziehen, doch der Mensch geht noch einen Schritt weiter: Er versteckt sich vor Gott *»unter den Bäumen des Gartens«* (Genesis 3,8). Der Mensch glaubt, er habe seine Würde verloren. Doch Gott sucht ihn: *»Adam, wo bist du?«*

(Genesis 3,9). Gott fragt den Menschen: »*Wer hat dir gesagt, dass du nackt bist?*« (Genesis 3,11). Gott stört es nicht, denn er kennt dich und mich und weiß, wie wir *wirklich* sind. Aber der Mensch hat Angst vor Gott, deshalb will er sich verbergen (Genesis 3,10). Doch am Ende steht für den Menschen nicht nur die Erkenntnis, dass er nackt ist, sondern auch, dass er sterblich ist.

So wird Paulus verstehbar, wenn er im Zweiten Korintherbrief sagt: »*Im gegenwärtigen Zustand seufzen wir und sehnen uns danach, mit dem himmlischen Haus überkleidet zu werden. So bekleidet, werden wir nicht nackt erscheinen.*« (2 Korinther 5,2 f) Nackte zu kleiden ist also mehr, als nur ein Kleidungsstück überzulegen, seine Blöße zu bedecken. Es ist auch Ausdruck, die alte Würde bzw. das verlorene Paradies wiederzuerlangen. Denn das »*himmlische Haus*« ist nichts anderes als der Ort, an dem Gott wohnt. Nackte zu bekleiden ist auch also eine Form, einem Menschen Heimat zu geben. Nicht umsonst sagen wir in der Taufe: »*Du hast Christus, den neuen Menschen, angezogen!*« – Christus ist unsere Heimat, er ist unser neues Gewand.

Lesen Sie jetzt: *Ezechiel 16,1–14*

Impulsfrage: *Worin zeigt sich für Sie, dass Sie von Gott »ummantelt« sind?*

4. Tag: »Die Fremden aufnehmen«

Samstag nach Aschermittwoch

In einem nie da gewesenen Maße haben wir in jüngster Zeit das erlebt, was man im 6. Jahrhundert »*Völkerwanderungen*« nannte. Wir sind mit einer großen Zahl an Asylsuchenden konfrontiert: Fremden – »Ausländern«, wie wir sie nennen. Seit den Kriegen in Afghanistan und Syrien, aber auch in afrikanischen Staaten und im Irak, ist die Zahl der asylsuchenden Fremden dramatisch in Europa angestiegen. Das bringt viele Herausforderungen mit sich. Und auch Probleme.

Doch diese Erfahrung ist nicht neu. Im Psalm 105 wird das wandernde Volk Israel beschrieben, das überall fremd ist, zudem eine Minderheit: Gott »*sprach: Dir will ich das Land Kanaan geben, als euch zugemessenen Erbteil. Als sie noch gering waren an Zahl, nur wenige und nur zu Gast im Land, und noch zogen von Volk zu Volk, von einem Reich zu einem anderen Volk …*« (Psalm 105,11ff). Auf der Suche nach einer Heimat ist der Mensch oft fremd und tatsächlich nur »Gast«. In manchen Dörfern haben es Zugezogene ein Leben lang schwer, dass sie von den Einheimischen akzeptiert werden. Misstrauisch und skeptisch begegnet man *den* Fremden, hat Angst vor *dem* »Fremden« überhaupt.

Der heilige Benedikt von Norcia erwähnt sehr bewusst in seiner Regel eine Reihe von Personen, welche die Mönche mit großer Gastfreundschaft empfangen sollen: Brüder aus anderen Häusern, unerwartete Pilger, Arme und Fremde. Wörtlich schreibt Benedikt: »*Alle Fremden, die kommen, sollen auf-*

genommen werden wie Christus: denn er wird sagen: ›Ich war fremd und ihr habt mich aufgenommen.‹« (RB 53,1) Er ergänzt es dann noch: »*Vor allem bei der Aufnahme von Armen und Fremden zeige man Eifer und Sorge, denn besonders in ihnen wird Christus aufgenommen.*« (RB 53,15) Wer einem Fremden begegnet, begegnet also Christus. Ich erinnere mich noch gut an das Wort eines Gastpaters in einem Kloster, der einmal sagte: »*Manche Christusse machen einem das Leben nicht gerade leicht …*« – Wer Gast ist, so möchten wir antworten, muss sich entsprechend auch als Gast verhalten. Das gebietet auch der Respekt.

Die Pflicht, Fremde aufzunehmen, leitet das Volk Israel schließlich aus der eigenen Erfahrung ab. Im Buch Exodus lesen wir: »*Einen Fremden sollst du nicht ausbeuten. Ihr wisst doch, wie es einem Fremden zumute ist; denn ihr selbst seid im Land Ägypten Fremde gewesen.*« (Exodus 23,9) Wer einmal fremd irgendwo war, der weiß, wie man sich fühlt, wie sehr man gerade als »Fremder« vertraute Menschen braucht!

Lesen Sie jetzt: *Lukas 19,1–10*

Impulsfrage: *Wie war es für Sie, als Sie selbst einmal fremd waren?*

5. Tag: »Die Kranken besuchen«

Erster Fastensonntag

Grundsätzlich gilt ja, dass Männer in der Regel schon todsterbenskrank sind, wenn sie nur den Anflug einer Erkältung haben. Das Video »*Männerschnupfen*« im Internet ist daher eine wohltuende Lachnummer. Aber leider ist vielen Menschen nicht zum Lachen, wenn sie über Jahre hinweg oder sogar ein Leben lang mit einer Krankheit zu kämpfen haben. Die Erkrankungen können körperlicher oder seelischer Art sein. Meist kommt sogar beides zusammen. Wer über Kopfschmerzen klagt, zerbricht sich auch meist den Kopf über irgendwelche Dinge.

Die berühmten Kinderkrankheiten und klassischen Alterskrankheiten gehören zum Leben dazu. Älterwerden beinhaltet auch den körperlichen Verschleiß. Angehörige von Demenzpatienten leiden bei zunehmender Erkrankung fast mehr als die betroffene Person selbst.

Kranke zu besuchen ist daher ein klassisches Werk der Barmherzigkeit. Ob privat zu Hause, in Krankenhäusern oder Pflegeheimen – solche Besuche verlangen auch einiges ab. Wir müssen eine gewisse Grundangst und Scheu überwinden. Wer einmal in einer Reha-Klinik gesehen hat, wie viele Menschen hart an sich arbeiten müssen, um wieder einigermaßen eigenständig lebenstauglich zu sein, hat gehörigen Respekt vor dem Leben und empfindet große Dankbarkeit für die Tatsache, gesund zu sein – oder relativiert seine eigenen kleinen Gebrechlichkeiten.

Was braucht ein kranker Mensch? Heilung an Leib und Seele braucht vor allem eines: *Zeit*. Doch darüber hinaus bedarf es liebevoller Begleitung, Wertschätzung und Annahme, Aufmerksamkeit und Achtsamkeit. Patienten sind manchmal ungeduldig, werden sogar grantig und verletzend. Ihnen dennoch mit Respekt zu begegnen, fordert manchmal die Pflegekräfte enorm heraus. Andererseits sind Kranke auch hilflos, ohnmächtig und oft allen ausgeliefert, die sich um sie kümmern.

Wie ging Jesus mit Kranken um? Jesus tritt als Therapeut auf, als Arzt und Heiler. Er blickt tiefer und er spürt den Krankheiten nach, die ihren Wurzelgrund oft in der seelischen Kränkung haben. Jesus selbst ist der verwundete Arzt. Er hält uns seine Wunden hin, zeigt seine Verletzlichkeit am Kreuz – macht sich für seine Gegner verwundbar. Die größte Heilung ereignet sich während der Grabesruhe. Der Auferstandene tritt uns als »neuer Adam« entgegen.

Lesen Sie jetzt: *Markus 6,53–56*

Impulsfrage: *Kennen Sie Ihre Lebenswunde, Ihre Kränkung?*

6. Tag: »Die Gefangenen besuchen«

Montag der ersten Fastenwoche

Die wenigsten Menschen werden wohl in ihrem Leben die Pforten der Hochsicherheitstrakte von Strafvollzugsanstalten passieren müssen. Die mehrfachen Kontrollen der Personalien, die Suche nach unerlaubten »Mitbringseln« und schließlich die drückende Atmosphäre der Unfreiheit machen einen solchen »Besuch« zu einem seltsam berührenden Ereignis.

Zahlreiche Spielfilme kreisen um das Thema »Gefängnis«. Meist sind es Dramen, welche die Härte des Lebens im Strafvollzug zum Ausdruck bringen. In der Regel werden daher rivalisierende Gruppen nicht verharmlost, vielmehr werden die heimlichen Beschaffungswege von illegalen Dingen oder die immer wieder auch vorkommende brutale Gewalt unter Häftlingen bzw. zwischen »Schließern« und Insassen gezeigt.

Zu alldem läuft noch unser »*Kopfkino*« über die Personen, die im Gefängnis einsitzen, und ihre Taten. Solche, die ein paar Jahre aufgebrummt bekamen, solche die lebenslänglich absitzen müssen. Doch wohl am schlimmsten ist die Vorstellung, dass hinter dir selbst eine solche Tür zuschnappt und nur noch das Fenster mit den Gitterstäben davor für dich dein Zuhause ist. Allein der Gedanke daran kann zermürben.

Gefangene zu besuchen – eine echte Mutprobe, könnte man meinen. Wie spricht man mit jemandem, der verurteilt wurde und im Gefängnis sitzt? Redet man von den Ereignissen selbst oder eher vom Wetter, also von Belanglosigkeiten? Richtet man Grüße aus oder hört sich die Sorgen an? Kann man Trost spenden bzw. ermutigen?

Natürlich gibt es auch jene, die nicht in einer 10–12 Quadratmeter großen Zelle gefangen sind, sondern in sich selbst. Gefangen in einer Welt, einer Ideologie, einer Überzeugung, einer Gruppierung, aus der sie nicht mehr herauskommen. Das Wort »*Besessenheit*« kommt von den Kräften, die uns gefangen halten, in deren »Besitz« wir sind. Eine Gefangenschaft ganz besonderer Art. Es sind Abhängigkeiten, die uns womöglich mehr »*in Schach halten*«, als der physische Freiheitsentzug.

Lesen Sie jetzt: *Lukas 8,26–39*

Impulsfrage: *Was hält Sie gefangen?*

7. Tag: »Die Toten begraben«

Dienstag der ersten Fastenwoche

Er galt in früheren Jahrhunderten als einer der niedrigsten Berufe: der Totengräber. Sieht man sich heute im Internet die Auftritte der Bestattungsunternehmen an, so kommt man aus dem Staunen nicht heraus. Eine Rundumbetreuung wird hier zugesagt, feinfühlig, professionell und mit größter Sorgfalt und Diskretion wird der Trauerfall abgewickelt. Die feinen Anzüge und das höfliche Auftreten der Beerdigungsfachleute ist für die Hinterbliebenen eine große Hilfe. Sie wissen damit: Für unseren lieben Verstorbenen wird alles getan, was möglich ist – in Würde!

Im Buch Tobit in der Bibel wird auch die Geschichte eines Totengräbers erzählt, der sich rührend um jene kümmert, die ihr irdisches Zelt abgebrochen haben, wie Paulus es sagt (vgl. 2 Korinther 5,1–10). Die Geschichte des Tobit wird im gleichnamigen Buch des Alten Testaments erzählt. Das Buch weist sich durch seinen Lehrcharakter der Nächstenliebe aus. Der fromme Jude Tobit lebte demnach im assyrischen Exil und begrub verbotenerweise ermordete Israeliten (Tobit 1,17–20). Man verfolgte ihn deshalb und auf seiner Flucht erblindete er durch herabfallenden Vogelkot (Tobit 2,7–10). Der alte Tobit erntet viel Kritik für seine Nächstenliebe. Sogar seine Frau hinterfragt sein Tun: »*Und wo sind jetzt deine Werke der Barmherzigkeit? Wo sind deine gerechten Taten? Es ist doch bekannt, was mit dir los ist!*« Die alte Einheitsübersetzung formuliert es für mein Verständnis vorwurfsvoller: »*Wo ist denn der Lohn für deine Barmherzigkeit und Gerechtigkeit? Jeder weiß, was sie dir eingebracht haben.«* (Tobit 2,14)

Die Geschichte endet dennoch gut. Im vorletzten Kapitel des Buches erklärt der Engel Raphael die tiefe Sinnhaftigkeit von Barmherzigkeit: »*Besser Gebet zusammen mit Wahrheit (…) als Reichtum zusammen mit Unrecht. Almosen geben ist schöner als einen Goldschatz sammeln. Almosen retten aus dem Tod, sie reinigen von aller Sünde. Die Almosen geben, werden mit Leben gesättigt werden. Die Sünde und Unrecht begehen, sind Feinde ihres eigenen Lebens.«* (Tobit 12,8–10)

Lesen Sie jetzt: *Johannes 11,17–44*

Vielleicht werden Sie entgegnen: Aber gibt es da nicht eine Stelle, wo Jesus deutlich sagt, man solle die Toten die Toten begraben lassen (vgl. Lukas 9,60)? In der Tat! Die Aussage Jesu ist eingebettet in eine Nachfolgegeschichte. Alles loszulassen heißt auch: irgendwann sich vom Grab wieder abzuwenden und das Leben zu suchen!

Impulsfrage: *Wie geht es Ihnen mit dem Gedanken an den eigenen Tod?*

Die sieben
geistigen Werke der Barmherzigkeit

Mittwoch der 1. Fastenwoche
bis Dienstag der 2. Fastenwoche

8. Tag: »Die Unwissenden lehren«

Mittwoch der ersten Fastenwoche

»Ignorantia legis non excusat« – *»Unwissenheit schützt vor Strafe nicht!«*, ein alter Rechtsgrundsatz, der noch immer gilt. Eine der wohl dümmsten Antworten lautet: *»Ich hab' das nicht gewusst!«* Wie oft mussten sich Untersuchungsausschüsse in Politik, Kirche und Wirtschaft diesen Satz von Führungspersönlichkeiten anhören? Nein, Unwissenheit rechtfertigt nicht, was an fatalen Konsequenzen für das eigene Handeln entstehen kann. Dabei hat Unwissenheit nichts mit Naivität oder gar Dummheit zu tun. Es ist auch nicht nur die mangelnde Sachkenntnis. Unwissenheit ist das Fehlen an Weisheit! Man kann wenig Bildung haben oder naiv sein, aber doch weise und richtig handeln! Man kann noch so reich und gebildet sein und doch falsche Entscheidungen treffen – wenn andere Absichten mehr im Vordergrund stehen.

Den Unwissenden zu lehren bedeutet nicht, ihn ständig eines *»Besseren zu belehren«*. Sondern einen Menschen zu lehren, damit er einerseits eine Fülle an Wissen hat (Erkenntnis), gleichzeitig aber auch die Wahrheiten erkennt (Einsicht).

Auch der scheinbar Unwissende trägt in sich Lebensweisheiten aufgrund seiner Erfahrungen und so kann der Magister immer auch etwas vom Schüler lernen. Doch das ABC des Lebens zu lehren ist eine Pflicht.

Ein alter lateinischer Dreiklang lautet: *docere – movere – delectare*. Zu deutsch: lehren, bewegen / ermutigen, erfreuen. Jede Predigt sollte alle diese drei Ziele verfolgen, jede Ansprache im Rahmen eines Festes, jeder Unterricht sollte für die Lernenden ein Zugewinn an Wissen sein, eine Motivation zum Weiterforschen und zur Umsetzung des Wissens und zur Freude am Erlernten.

Lesen Sie jetzt: *2 Samuel 12,1–14*

Das Lehren also ein Werk der Barmherzigkeit? Ja! Nicht nur, dass es reale Analphabeten auf dieser Welt gibt, es gibt auch eine Unzahl von Menschen, die im Leben unbeholfen sind, denen die richtigen Instrumente fehlen, wie sie ihr Leben meistern können. Wissenschaft und Forschung, Philosophie und Psychologie, Technik und vieles mehr hilft uns, unser Leben gut zu gestalten. Aber eines können sie alle nicht: dem Menschen *den Sinn des Lebens* vermitteln. Das griechische Wort »*logos*« meint Wort, Lehre und Sinn. Jesus Christus ist nicht nur selbst Magister (Lehrer) gewesen, er war und ist als Person für uns Christen *die Lehre* überhaupt: die Frohe Botschaft!

Impulsfrage: *Gibt es ein Wort der Bibel, das für Sie eine Lebensweisheit ist?*

9. Tag: »Den Zweifelnden recht beraten«

Donnerstag der ersten Fastenwoche

Consulting-Unternehmen und Unternehmenscoaches schießen wie Unkraut aus dem Boden. Überall braucht »man« (anscheinend) Beratung. Die Bereiche, in denen Beratung stattfindet, sind so breit gefächert wie unser Leben selbst. Billig ist es auch nicht. In der Tat sagen wir nicht umsonst, dass *»guter Rat teuer«* ist.

Bereits in der letzten Woche hatten wir mit dem Buch Tobit zu tun. Die Schriftrolle gilt als ein Lehrbuch des Lebens. So verwundert es nicht, dass der alte Tobit seinem Sohn Tobias auch praktische Lebensweisheiten mitgibt: *»Suche bei jedem Verständigen Rat und verachte keinen nützlichen Rat! Zu jeder Zeit preise Gott und bitte ihn, dass deine Wege gerade seien und deine Pfade zum Erfolg führen! Denn kein einziges Volk besitzt guten Rat, sondern der Herr wird ihnen guten Rat geben. Wen er will, den erniedrigt der Herr hinab bis zur tiefsten Unterwelt. Also, Kind, erinnere dich an diese Weisungen! Mögen sie nicht aus deinem Herzen gelöscht werden!«* (Tobit 4,18 f) Gute Berater an seiner Seite zu haben, das hat eine lange Tradition. Alle, die in einer Leitungsverantwortung stehen – ob Kaiser, Fürsten, Päpste, Bischöfe oder Regierungschefs –, haben einen Beraterstab um sich. In der Tradition der Kirche soll jede und jeder in der Pastoral Wirkende einen »geistlichen Begleiter« an seiner Seite wissen, bei dem ein *»brauchbarer Ratschlag«* zu finden ist. Denn wer möchte schon, dass sein Lebensweg nicht geradeaus führt und kein gutes Ende nimmt?

Doch wie kommt man zu einem guten Rat? Im Französischen nennt man einen Ratschlag eine »*proposition*« und meint damit vielmehr eine »*Empfehlung*«. Denn Rat*schläge* können in der Tat gelegentlich auch Schläge (ins Gesicht) sein.

Der professionelle Berater begleitet den Suchenden so, dass dieser selbst auf wenigstens eine Lösung kommt oder gar auf mehrere Alternativen. Er ist mehr der Ideen-Initiator für jenen, der sucht.

Lesen Sie jetzt: *Johannes 20,19–28*

Wenn der Suchende aber in tiefe Zweifel verstrickt ist, welcher Weg jetzt der bessere ist, dann wägt er mit ihm alle Möglichkeiten ab, prüft »*wes Geistes Kind*« (Goethe) der eine oder andere Gedanke ist. In der christlichen Spiritualität nennt man das die »*Unterscheidung der Geister*« (Ignatius von Loyola). Hier gilt zu prüfen, ob in dem, was wir beabsichtigen, ein roter Faden zu finden ist, ob es Ruhe und Freude auslöst, ob es nachhaltig sein kann und konstruktiv. Wo das Gegenteil der Fall ist, stimmt etwas nicht! Zweifel sind gut. Sie helfen uns, Suchende zu bleiben!

Impulsfrage: *Welche Zweifel wohnen in Ihnen? Anders: Wonach suchen Sie?*

10. Tag: »Die Betrübten trösten«

Freitag der ersten Fastenwoche

Einen Menschen in die Arme zu schließen und wortlos zu trösten, tut unserer Seele gut: Ob das Kleinkind, das sich den Kopf an der Tischkante stößt, ob die Schülerin der 4. Klasse, die eine schlechte Note nach Hause bringt, ob der Ehemann nach einem stressigen Arbeitstag, ob die Nachbarin nach der Nachricht über den Tod eines Angehörigen, ob die Freundin nach dem Bruch ihrer Beziehung – aus welchem Grund auch immer: Wir brauchen Trost, damit unsere Seele nicht ins Leere fällt.

Doch getröstet wollen wir nicht nur sein, wenn es uns schlecht geht oder wenn wir traurig sind. Es gibt auch eine Sehnsucht in uns, die bei der Frage nach dem Sinn, dem »*Wozu?*« des Ganzen, einen gewissen Trost erwartet. Wahrscheinlich hat spätestens jeder Mensch in seiner Pubertät einmal die Frage ins Wort gebracht oder dem Tagebuch anvertraut: Warum bin ich da, wenn ich doch sterben muss? Es ist eine der ganz großen Fragen. Es ist und bleibt die Frage nach dem Sinn unseres Lebens. Paulus bringt es spirituell so auf den Punkt: »*Jesus Christus selbst aber, unser Herr und Gott, unser Vater, der uns liebt und uns in seiner Gnade ewigen Trost und sichere Hoffnung schenkt, ermutige eure Herzen und gebe euch Kraft zu jedem guten Werk und Wort.*« (2 Thessalonicher 2,16 f).

Dies gilt für die Zeit unseres Lebens.

Doch was ist danach? Die Endlichkeit unseres Daseins ist

wohl der tiefste Punkt, an dem wir »betrübt« (untröstlich) sein können. Nehmen wir das Wort vom Kern her, dann ist hier tatsächlich nichts »klar«, sondern trüb, wie wenn man ein Glas mit Wasser und Sand rührt und das Wasser einfach nur mit der Zeit wieder einigermaßen klar wird, wenn sich alles gesetzt hat. Dann sehen wir bis auf den Grund. Vielleicht ist der Moment des Todes dieser Moment, wo der Sturm im Wasserglas zur Ruhe kommt.

Lesen Sie jetzt: *2 Korinther 1,3–11*

Einen betrübten Menschen zu trösten geht manchmal kaum mit Worten, vielmehr nur mit einem Blick, einem Augenblick der Zusage: Ich bin da.

Impulsfrage: *Was vermag Sie wirklich zu trösten, wenn Sie traurig sind?*

11. Tag: »Die Sünder zurechtweisen«

Samstag der ersten Fastenwoche

»Räum dein Zimmer auf!«, »Trag den Müll weg!«, »Mach deine Hausaufgaben!« – solche Anweisungen hallen aus unserer Kindheit möglicherweise noch wie ein Echo in den Ohren nach und wer weiß, wie oft wir sie schon gegenüber den eigenen Kindern wiederholt haben. Womöglich verbinden wir damit den erhobenen Zeigefinger, wie wir ihn von »Meister Lämpel« in Wilhelm Buschs »*Max und Moritz*« kennen.

Aber: Wer will schon gerne belehrt und zurechtgewiesen werden? Wenn es nur um allgemeine Schulweisheiten geht, mag es ja noch erträglich sein. Aber wenn es um die großen Fehler geht, die uns »herausrutschen«?! Vielleicht ist es an der Stelle gut, erst einmal zu klären, was überhaupt eine »Sünde« ist? Der Sündenkatalog der Kirche war einmal sehr komplex, sehr ausgefeilt und sehr differenziert. Für alles gab es klare Sanktionen. Man unterschied zwischen einer lässlichen Sünde und einer Todsünde. Doch was genau meint eigentlich »sündigen«? Wenn wir davon ausgehen, dass Gott es gut mit jedem und jeder von uns meint, dass er eine positive Lebensabsicht, einen guten, richtigen Weg für uns vorgesehen hat, dann ist eine Sünde nichts anderes, als sich willentlich, bewusst gegen Gott und dessen Heilsabsicht für uns zu stellen. Es ist das klare »Nein!« Gott gegenüber, das Sich-Abwenden und bereit sein, den eigenen Weg getrennt von Gott zu gehen. Die Sünde ist also das *Getrenntsein von Gott*.

Von Jesus wissen wir, dass bereits sein Name »Programm« ist: Josef soll ihm *»den Namen Jesus geben; denn er wird sein Volk von seinen Sünden erlösen«* (Matthäus 1,21). Jesus sucht bewusst die Sünder auf (vgl. Mt 9,13) und trägt auch seinen Jüngern auf, Sünden zu vergeben (vgl. Johannes 20,23). In zahlreichen Heilungsgeschichten hören wir, dass die Sündenvergebung mit der Heilung einhergeht (vgl. Lukas 5,17–25).

Kurz: Jesus will mit denen bewusst Kontakt aufnehmen, die sich getrennt haben von Gott, er will sie zurück in die Gemeinschaft mit Gott führen. Und daher rührt auch der Gedanke, einen Sünder zurechtzuweisen: *»Wenn dein Bruder gegen dich sündigt, dann geh und weise ihn unter vier Augen zurecht! Hört er auf dich, so hast du deinen Bruder zurückgewonnen.«* (Matthäus 18,15) Es geht darum, den Bruder bzw. die Schwester zurückzugewinnen für Gott. Es ist ein Werk der Barmherzigkeit.

Lesen Sie jetzt: *Lukas 5,27–32*

Impulsfrage: *Was würde Ihnen fehlen, wären Sie von Gott getrennt?*

12. Tag: »Die Lästigen geduldig ertragen«

Zweiter Fastensonntag

Es gibt Menschen, die gehen uns ganz gewaltig auf den Wecker. Sie stellen uns Fragen, die kein normaler Mensch stellt und die auch keiner beantworten will. Sie geben unaufgefordert Kommentare ab und wissen zudem alles besser. Im Grunde reicht es schon, dass sie einfach mit uns im gleichen Raum sind.

So lästig wie ein Schwarm Stechfliegen um eine Lampe in einer lauen Sommernacht kann vieles im Leben sein. Aber es gibt da noch einen Unterschied! Manchmal fällt uns z. B. eine pflegebedürftige Person zwar zur Last, weil sie uns in unserer Handlungsfreiheit etwas einschränkt. Aber da sie ruhig und bescheiden ihr Schicksal erträgt, würden wir nie sagen, sie sei lästig!

Die Barmherzigkeit besteht also darin, jene zu ertragen, die tatsächlich »lästig« sind. Wir sollen sie *mit aller Geduld* ertragen. Beim näheren Hinsehen liegt die Herausforderung also vielmehr in der Geduld, die wir aufbringen müssen. »*Patientia*« meint »*erleiden, erdulden, ertragen*« und von diesem lateinischen Wort leitet sich der »Patient« ab. Humorvoll schicken wir ja zuweilen das Stoßgebet gen Himmel: »*Herr, gib mir Geduld – aber sofort!*«, worin sich emotional zeigt, dass es um mehr als nur um das Warten im Wartezimmer einer Arztpraxis geht. Auch der Klassiker »*Meine Geduld ist bald am Ende!*« eines Lehrers macht deutlich, wie begrenzt wir Menschen im Umgang miteinander sind, sodass uns jener berühmte »*Geduldsfaden*« schnell reißt. Wie geduldig muss also erst Gott sein, wenn er seinem Volk und uns Menschen überhaupt so viele Chancen einräumt, so oft einen Neuanfang gewährt? Vielleicht ist Gott deshalb anders, weil er voller *Langmut* ist.

Lesen Sie jetzt: *Lukas 18,1–8*

Ein Werk der Barmherzigkeit ist also, lästige Menschen und Situationen geduldig zu ertragen. Wie geht das, wir sind schließlich nicht Gott!? Nun, wir können Menschen einfach ignorieren, ihnen nicht so viel Aufmerksamkeit und Macht über uns geben, sie nicht unnötig provozieren, uns nicht auf endlose Debatten einlassen, sondern ihnen mit einem »*Trotzdem*« an Höflichkeit und Freundlichkeit begegnen. Gewiss, manch einer wird jetzt sagen, dass es Unsinn sei, sich alles gefallen zu lassen, das alles auszuhalten. Aber die Frage bleibt ja dennoch: Warum ist der andere uns so lästig? Meist erkennen wir ja die Fehler der anderen immer sehr rasch. Meist haben aber gerade diese Fehler sehr viel mit unseren eigenen Fehlern zu tun … Der Splitter im Auge des Bruders bzw. der Schwester ist aus dem gleichen Holz wie jener Balken im eigenen Auge … (vgl. Matthäus 7,3)

Impulsfrage: *Wer ist Ihnen lästig – was hat das mit Ihnen selbst zu tun?*

13. Tag: »Denen, die uns beleidigen, gerne verzeihen«

Montag der zweiten Fastenwoche

Messerstiche, Schnitt- und Schusswunden sind schmerzlich. Aber solche Wunden heilen mit der Zeit. Die Kränkungen in unserer Seele jedoch, die Beleidigungen, die wir anderen antun oder die wir selbst über uns ergehen lassen mussten, sind Verletzungen, die sehr lange brauchen, bis sie verheilt sind. Bis zu einer Versöhnung bleiben es im übertragenen Sinne »offene Wunden«. Beleidigen heißt ja, jemandem Leid zufügen. Das geschieht vor allem in Worten. Gott sei Dank spüren wir die Beleidigungen nicht immer, die Tag für Tag als Gedanken ungehört durch die Welt gehen: *»Mein Gott, ist der fett!«, »Die schaut aber alt aus«, »Wie der schon redet, unerträglich!«, »Sie ist noch zu blöd für die einfachsten Dinge des Lebens«* usw. Ich denke, wir kennen genügend Beispiele. Wir wissen auch, wie weh so etwas tut! Gut, dass vieles nicht ausgesprochen wird, denn sobald ein Wort zum Empfänger unterwegs ist, richtet es unendlich großen Schaden an.

Ein Werk der Barmherzigkeit ist also *gerne* zu verzeihen. Sie werden vielleicht sagen: Reicht es nicht schon, dass ich gedemütigt wurde und nach alldem überhaupt zum Verzeihen bereit bin? Jetzt soll ich auch noch *gerne* verzeihen? Im Evangelium ist es Petrus, der diese Frage stellt: *Herr, wie oft sollen wir vergeben? Sieben Mal?* – Wir kennen die Antwort Jesu: Siebenundsiebzigmal (vgl. Matthäus 18,22). Also mit anderen Worten: *Immer!* Aber das auch noch »gern«?

Haben Sie schon mal daran gedacht, Rache zu üben? Dem anderen so richtig heimzuzahlen, was er Ihnen angetan hat? Manchmal kommen uns solche Gedanken. Je mehr wir aber diese Möglichkeit erwägen, umso mehr spüren wir – nach der ersten Emotionalität – dass wir dann auf der gleichen Ebene wie der andere agieren würden. Wir wären nicht viel besser! Das orientalische Prinzip des *»Bruch-für-Bruch, Auge-für-Auge, Zahn-für-Zahn«* sah eine Schädigung des anderen in der gleichen Weise vor (Levitikus 24,20), wie es dem Geschädigten selbst widerfahren war. Im Vergleich mit anderen Völkern des Alten Orients war diese biblische Bestimmung übrigens ein Fortschritt: Sie diente der Begrenzung *maßloser* Rache! Doch Jesus wirft diese Rechtsnorm über Bord. Stattdessen erwartet er sogar von uns, dass wir selbst unsere Feinde lieben (Matthäus 5,44). In der heutigen jüdischen Auslegung der Levitikus-Textstelle ist daraus eine Wiedergutmachungsregelung geworden, die man schon in der Buber-Rosenzweig-Übersetzung erkennen kann: »Augersatz für Auge«, »Zahnersatz für Zahn«. Wenn wir Schaden anrichten, sollen wir es wiedergutmachen! Jesus geht weit darüber hinaus: Dass wir etwas »wiedergutmachen« ist selbstverständlich, vielmehr sollen wir »lieben«.

Lesen Sie jetzt: *2 Korinther 2,5–11*

Impulsfrage: *Gibt es jemandem, dem Sie verzeihen sollten bzw. müssten?*

14. Tag: »Für die Lebenden und die Toten beten«

Dienstag der zweiten Fastenwoche

Nach Attentaten und Terroranschlägen sind sie meist mit kleinen Kerzen übersät: die öffentlichen Plätze in den Großstädten, die Gehsteige vor den Schulen oder aber die Kerzenstelen in den Kirchen. Jedes Licht brennt für jemanden, für den ein anderer betet, für Lebende und Verstorbene.

Hat man Sie schon mal eingeladen, dass Sie für jemand anderen beten?

Es ist ein wertvoller Dienst, den wir da vollziehen können. Menschen, die krank sind, die alt sind, die eine Prüfung schreiben, die ein schwieriges Gespräch zu bewältigen haben, die im Konflikt mit jemandem stehen – und wir selbst mit unseren kleinen und großen Sorgen, wir brauchen das Gebet der anderen! Gleichzeitig hilft es uns, wenn wir im Gebet an jene denken, die von uns gegangen sind, unsere verstorbenen Eltern, Großeltern, Geschwister oder sogar die eigenen Kinder. Das tröstet, wenn wir unsere Trauer ins Wort bringen und Gott hinhalten können.

Jesus ermutigte die Menschen zum Gebet. Er sagt: *»Alles, was ihr im Gebet erbittet, werdet ihr erhalten, wenn ihr glaubt«* (Matthäus 21,22). Gewiss, wir dürfen das Beten nicht mit Zauberei verwechseln. Wie und ob das Gebet erhört wird, müssen wir Gott überlassen. Dennoch dürfen wir daran glauben, dass *»das inständige Gebet eines Gerechten«* viel vermag (Jakobus 5,16). Als Petrus im Gefängnis war, die Gemeinde ohnmächtig der Inhaftierung zuschauen musste, beteten sie inständig für ihn (vgl. Apostelgeschichte 5,12). Das Gebet bleibt uns oft als letzter, als einziger Weg, wenn wir für einen Menschen direkt nichts mehr tun können.

Jesus selbst betet häufig. Er entzieht sich den Menschen und geht auf einen einsamen Berg, um dort zu beten (vgl. Matthäus 14,23, Markus 1,35; 6,46), manchmal die ganze Nacht (Lukas 6,12). Aber er nimmt auch seine Jünger mit, damit sie mit ihm beten (Lukas 9,28f). Dabei durften die Jünger erleben, dass er sich veränderte, dass sein ganzes Aussehen, seine Gestalt sich veränderte – wir kennen dieses Ereignis als die »Verklärung« auf dem Berg Tabor. Doch auch in einer anderen Situation nimmt er seine Freunde mit zum Gebet und hier erleben wir mit ihm die tiefste Nacht der Gottesferne: das Gebet im Garten Getsemani (Markus 14,32–38).

Lesen Sie jetzt: *Lukas 11,1–4*

Impulsfrage: *Welchen Raum geben Sie Ihrem persönlichen Gebet?*

Die sieben Worte der Barmherzigkeit

Mittwoch der 2. Fastenwoche
bis Dienstag der 3. Fastenwoche

15. Tag: »Deine Sünden sind dir vergeben!«

Mittwoch der zweiten Fastenwoche

Beerdigungsrituale sind uns vertraut. Wir gehen zum Grab, der Sarg wird in das Erdloch hinabgelassen, ein paar Erdwürfe, das Weihwasser zur Erinnerung an die Taufe, das Kreuzzeichen über dem Grab – danach verlassen wir den Friedhof. Ganz ähnlich mutet die Szene an, die wir im heutigen biblischen Text lesen.

Lesen Sie jetzt: *Lukas 5,17–26*

Die vier Männer, die den Gelähmten herbeitragen, lassen ihn durch das Dach in das Haus hinab. Gewiss, der Mann war nicht tot. Aber gelähmt. Nichts »ging« mehr. Nichts ist mehr in Bewegung, er verspürt keine Motivation (movere – bewegen) mehr, ist blockiert. Er kann nicht mehr selbst auf seinen zwei Füßen stehen, die Selbstständigkeit fehlt ihm. Er braucht andere. Was für eine Abhängigkeit! Der Evangelist Lukas lässt uns wissen: Dieser Mensch kann weder gehen, noch spricht er nur ein Wort, geschweige denn kennen wir seinen Namen. Letztlich ist er ein Niemand. Er könnte auch tot sein.

Doch da sind die vier Männer, die ihn tragen. Sie werden für ihn aktiv: Sie *er-tragen* ihn, sie wollen ihn zu Jesus bringen, sie wollen ihn vor ihn hinlegen, sie steigen auf das Dach, sie decken die Ziegel ab, sie lassen ihn mit der Tragbahre hinab. Diese vier Männer sind äußerst aktiv, sie tun alles, weil sie daran glauben, dass hier doch noch etwas zu machen ist. Sie erinnern mich an die Rettungskräfte, die an einen Unfallort kommen und alles tun, was noch möglich ist, obwohl es vielleicht für manche Verletzte schon zu spät scheint.

Jesus kommt angesichts dieser Situation mit den offiziellen Vertretern der Religion in einen Konflikt. Lukas lässt uns wissen: »*Die Kraft des Herrn war mit ihm, sodass er heilen konnte.*« (Lukas 5,17) Dieses Heilen beginnt für Jesus aber in der Seele des Menschen. Was diesen Menschen am Leben hindert, ist nicht primär eine physische Erkrankung. Dass er sich nicht mehr bewegen kann, ist nur eine Folge von etwas anderem. Die Schuld, die Sünde, das Versagen – das lähmt diesen Menschen. Deshalb sagt er ihm: »*Mensch, deine Sünden sind dir vergeben!*« (Lukas 5,20) – Der Anteil unserer Schuld kann uns lähmen und handlungsunfähig machen. Manche Menschen werfen deshalb ihr Leben weg. Im Grunde ist es bei dem Gelähmten auch so. Doch Jesus geht noch einen Schritt weiter. Er hebt die Blockade auf und setzt das Leben wieder in Gang. Der Mann »geht« wieder. Er steht auf und geht weg. Er wird von innen her aufgerichtet.

Impulsfrage: *Was blockiert Sie, sodass manchmal nichts mehr (weiter-)geht?*

16. Tag: »Geh und sündige von jetzt an nicht mehr!«

Donnerstag der zweiten Fastenwoche

Silvestervorsätze kennen wir. Auch unsere Versprechen zur Änderung, wenn wir gesundheitsmäßig einen Crash erlebt haben. Vollmundig sagen wir: *»Ab jetzt wird alles ganz anders!«* – Meist bleibt es bei diesen Vorsätzen. Die »guten Taten« selbst aber bleiben aus. Im Johannesevangelium wird uns die Geschichte von einer Frau erzählt, die *»beim Ehebruch ertappt worden war.«* (Johannes 8,3). Natürlich gehören zu einem Ehebruch immer zwei Personen. Der Mann wurde auch ertappt, er hat schließlich auch Ehebruch begangen – aber er wird nicht vorgeführt. Doch lesen Sie erst einmal selbst jene »Männer-Story« über eine Frau, die gesteinigt werden soll:

Lesen Sie jetzt: *Johannes 8,1–11*

Nein, wir dürfen es nicht gutheißen, dass eine Männerrunde hier einer Frau den Garaus machen will. Im Gegenteil. Es zeigt, wie patriarchalische Systeme funktioniert haben und in orientalischen Ländern immer noch gelten. Frauen werden oft nur wie »Lustobjekte« betrachtet, die man sogar auf der Straße begrapschen kann und deren Kleidung unter Umständen eine »Einladung« für Sex ist. Jesus ist auch ein Mann. Aber er tickt anders. Er sieht das Geschöpf, den Menschen, die Person, ihre Würde. Wir wissen nicht, ob jene Frau im Evangelium schon am Boden liegt, hingeworfen in den Sand

– wie ein Stück Dreck, beschimpft als Hure. Jesus jedenfalls kniet sich auf den Boden nieder. Er malt in den Sand. Nicht nur, um Zeit zu gewinnen. Er hinterfragt die »Inquisitoren«, die Schriftgelehrten – er stellt nicht nur Fragen. Er stellt *sie* infrage!

Jesus wendet sich dieser Frau zu. Wir werden Zeugen eines intimen Gespräches, eines Beichtgespräches. Bruchstücke dringen an unser Ohr: »*Frau, wo sind sie geblieben? Hat dich keiner verurteilt? Sie antwortete: Keiner, Herr. Da sagte Jesus zu ihr: Auch ich verurteile dich nicht. Geh und sündige von jetzt an nicht mehr!*« (Johannes 8,10).

Verweilen wir bei diesem einen Satz. »*Geh und sündige von jetzt an nicht mehr!*« Es ist nicht *der Vorsatz* der Frau, dass ab jetzt alles anders wird. Sondern es ist die eindringliche Aufforderung Jesu! Denn sie stand knapp am Abgrund und ist gerade noch einmal davongekommen. Er will damit nicht sagen: »*Hey, du hast Glück gehabt, wäre ich nicht gewesen …*« – dieses Macho-Gehabe ist ihm fremd. Er will ihr sagen: Lebe ab jetzt anders, nutze diese Chance, gestalte die Zukunft neu!

Impulsfrage: *Gibt es etwas in Ihrem Leben, womit Sie neu beginnen müssten?*

17. Tag: »Steh auf, er ruft dich!«

Freitag der zweiten Fastenwoche

Wenn irgendwo etwas passiert, bildet sich rasch eine Gruppe Schaulustiger, sog. »Gaffer«. Auf Autobahnen verursachen sie ellenlange Staus. Nervige Typen. Ach, Sie waren auch schon einmal dabei? Nur Neugierde … reines Interesse natürlich. Dann verbindet uns ja etwas. Aber Hand aufs Herz: Wer nur dabeisteht, tut nichts! Er verhindert, er »verunmöglicht« etwas, wie man schon mal sagt. In unserem heutigen biblischen Text geht es um solche »Gaffer«, solche, die eigentlich etwas verunmöglichen – jedenfalls *fast*. Im letzten Moment schwenken sie um.

Lesen Sie jetzt: *Markus 10,46–52*

Natürlich haben Sie die Geschichte schon x-mal gehört und gelesen. Haben Sie sich als Gaffer wiedergefunden? Ja, vielleicht ist es übertrieben. Aber sind es nicht jene, die am Rand stehen und ihm, Bartimäus, zuerst mal die Sicht versperren, sodass der Therapeut nicht zu ihm kommen kann – wie die Krankenwagen, denen wir keine Rettungsgasse frei machen? Erst als er sagt: »*Ruft ihn her!*« – da funktionieren sie auf einmal. Vorher versperren sie die Sicht, verunmöglichen die Rettung. Sie schreien ihn an: »*Sei still!*« – Sind wir realistisch: Sie werden »*Halts Maul!*« gerufen haben. Deftig. Schließlich ist der Blinde am Boden unwichtig.

Doch dann macht Jesus sie zu seinen Hilfsärzten. Er geht nicht selbst zu Bartimäus. Keine Visite beim rufenden Patienten. Seltsam. Der Arzt, der darauf wartet, dass der Patient zu ihm kommt. Doch das genau ist entscheidend. Es ist der berühmte erste Schritt zur Veränderung. Bartimäus muss aus seiner Sitzblockade heraus. Die Blindheit ist weniger äußerlich, als vielmehr innerlich. Keine Perspektive, das mangelnde Sichtfeld, null Aussicht. Jetzt müssen die anderen ihm helfen!

Umso wichtiger die Aufforderung der Gaffer: *»Hab nur Mut, steh auf, er ruft dich!«* – Die Verhinderer werden zu Förderern, die Verunmöglichenden zu Möglichmachern. Hier beginnt die Heilung. Bartimäus lässt sich motivieren, lässt sich herausrufen und richtet sich auf. Die ersten Schritte tapsig wie ein Kleinkind, unsicher, schwankend. Doch dann läuft er auf Jesus zu. Der Wille zur Heilung packt ihn. Er will *wieder* sehen können. Er konnte es einmal, aber aus welchem Grund auch immer hielt er ab dann die Augen verschlossen oder konnte es nicht mehr mitansehen.

Impulsfrage: *Welcher Ruf muss an Ihr Herz dringen, damit Sie bewegt werden?*

18. Tag: »Was soll ich dir tun?«

Samstag der zweiten Fastenwoche

Es ist fast die klassische Frage des Hausarztes: »*Wo fehlt es uns denn?*« – Wenn der Patient in dieser Wir-Form antworten würde, würde er den Arzt etwas auf den Arm nehmen: »*Wir wissen es nicht, Herr Doktor, sagen Sie es uns!*« Natürlich ist das etwas übertrieben und dient mir nur als Kontrast.

Denn: Jesus ist kein klassischer Hausarzt. Deshalb fragt er anders. »*Was soll ich dir tun?*« – Was brauchst du? Was fehlt dir? Wie kann ich dir helfen? Wir verweilen noch bei der Geschichte des blinden Mannes. Diesmal aber in der Version des Lukas. Lukas erwähnt seinen Namen nicht. Ein Namenloser. Du und ich, wir sind gemeint. Du und ich, wir sitzen da am Straßenrand. Du und ich, wir sind es, die laut schreien, die gehört werden wollen, die schließlich aufspringen und losrennen. Du und ich – wir sind jene, die den Satz heute hören: »*Was soll ich dir tun?*« – An uns ist es, die Antwort zu finden, die unserer Seele gerecht wird.

Lesen Sie jetzt: *Lukas 18,35–42*

In diesem Evangelium gibt es noch einen zweiten Unterschied. Während bei Markus der Blinde selbst zu Jesus gehen bzw. laufen muss, schildert Lukas uns, dass Jesus jene, die ihn vorher abhielten, bewusst auffordert, ihn zu sich zu führen (Lukas 18,40). Beide Männer begegnen nun einander auf Augenhöhe. »*Als der Mann vor ihm stand, fragte ihn*

Jesus: Was willst du, dass ich dir tue? Er antwortete: Herr, ich möchte sehen können. Da sagte Jesus zu ihm: Sei sehend! Dein Glaube hat dich gerettet!« (Lukas 18,40–42) Die Dialoge sind knapp. Die Antworten kurz. Die Heilung prägnant. Der Glaube hat geholfen. Ein Hinweis am Rande: Die alte Einheitsübersetzung lässt uns in der Bitte des Mannes wissen, dass er schon einmal sehend war. Denn er antwortet Jesus: »*Herr, ich möchte wieder sehen können!*«

Wir könnten jetzt daran gehen zu fragen: Was hat den Blinden blind gemacht? Was konnte, wollte oder sollte er nicht mehr sehen? Wovor hat er die Augen verschlossen, weggeschaut? Für welche Wirklichkeit seines Lebens war er bereits blind? Wir könnten auch sagen: Jesus muss doch gesehen haben, dass er blind ist! Ist es Ihnen schon einmal passiert, dass Sie jemand angesprochen hat, der blind war? Haben Sie es direkt gesehen? – Jesus wird es gewusst haben. Dennoch fragt er ihn: Was willst du, dass ich dir tue? Es ist die entscheidende Frage der Barmherzigkeit, denn es schenkt dem anderen den freien Willen, sein Recht auf Entscheidungsfreiheit, sein Recht und seine Würde als Mensch. Es muss von uns selbst kommen, weil wir nur allzu gut wissen, was wir wirklich brauchen! Denn: wenn uns kalt ist, wissen wir auch, dass wir etwas Wärmendes anziehen müssen. Wir wissen es, was unsere Seele braucht!

Impulsfrage: *Was kann Jesus Christus heute für Sie tun?*

19. Tag: »Nimm deine Bahre und geh!«

Dritter Fastensonntag

Normalerweise kennen wir den Ton, der hier die Musik macht, von einer anderen Aussage: *»Pack deine sieben Sachen und hau ab!«* – Doch die Geschichte, die wir heute lesen werden, will Barmherzigkeit walten lassen gegenüber all unseren Blockaden und Ängsten, die uns daran hindern, den nächsten Schritt zu tun.

Lesen Sie jetzt: *Markus 2,1–12*

Ja, natürlich. Wir hatten diese Geschichte schon einmal bei Lukas. Aber geistliche »Übungen« macht man eben öfter, manche Texte muss man öfter lesen. Zudem liegt der Schwerpunkt des Geschehens heute nicht auf der Sündenvergebung und den Personen, die den Gelähmten herbeitragen. Wir wenden uns vielmehr dem zu, was geschieht, was als »Heilungserfolg« zu verbuchen ist. Jesus agiert aus einer besonderen Vollmacht heraus (vgl. Markus 2,10), die ihn später das Leben kosten wird. Nicht umsonst fragen sie ihn auch in einer anderen Situation nach seiner Legitimation: *»In welcher Vollmacht tust du das? Wer hat dir diese Vollmacht gegeben, das zu tun?«* (Markus 11,28). Sein Auftreten löst bei den Menschen Erstaunen aus. Er lehrt und agiert wie jemand, der eben *»Vollmacht«* hat (Markus 1,22; Einheitsübersetzung 1980: *»göttliche Vollmacht«*), nicht so wie die Schriftgelehrten. Jesus trägt eben keine Titel vor sich her, der Herr »Doktor«, »Professor«,

»Magister« usw. – nein, er handelt aus einer natürlichen Vollmacht heraus. Jesus gibt klare Anweisungen: *»Ich sage dir: Steh auf, nimm deine Liege, und geh nach Hause!«* (Markus 2,11) und wir erleben zwei Reaktionen. Erstens: Der Gelähmte *steht sofort auf und geht weg*. Zweitens: Die Menschenmenge *staunt und preist Gott* (Markus 2,12).

Was Jesus tut, befähigt uns dazu, unser Leben in die Hand zu nehmen! Wo das geschieht, ereignen sich die wahren Wunder und wir kommen aus dem Staunen nicht mehr heraus. Verzeihen Sie an dieser Stelle etwas griechische Grammatik: Das *»sofortige«* Handeln wird im Griechischen in der Regel mit einer besonderen grammatikalischen Form benutzt. Es ist der sog. »Aorist«. Ist ein Verb ist dieser Form geschrieben, bedeutet es: höchste Dringlichkeit, keinen Aufschub, sofort muss etwas geschehen! Wörtlich heißt es hier *»ägertä«*. Im Deutschen zu übersetzen mit *»Er steht auf«*. Aber wenn wir der grammatikalischen Form Raum geben wollen, müssen wir mit *»Steh sofort auf!«* übersetzen. Unser Wort *»sofort«* unterstreicht die Eile, den Druck, die Not. Doch jetzt wird es erst richtig spannend: Das Verb *»ägeirein«* heißt nicht nur »aufstehen«! Im letzten Kapitel der Evangelien, wo es um Tod und Auferstehung geht, ist es exakt das gleiche Wort: *»Er ist auferstanden!«* (von den Toten). Was hier geschieht, ist also die Auferstehung in das Leben hinein! Ohne Zögern! Ohne Aufschub!

Impulsfrage: *Was muss passieren, damit Sie endlich auf(er) stehen können?*

20. Tag »Richtet nicht, damit …«

Montag der dritten Fastenwoche

Wie würden Sie die Aussage in der Überschrift weiterschreiben? Was fällt Ihnen spontan ein?

Vielleicht so etwas: »… *damit kein Unglück geschieht?*« – »… *damit kein Unrecht geschieht?*« – »… *damit du keinen Ärger hast?*« Im Matthäusevangelium endet der Satz so: »… *damit ihr nicht gerichtet werdet!*« Diese ersten Zeilen des siebten Kapitels des Matthäusevangeliums haben es in sich, zumal eine sehr anschauliche Bildmetapher erfolgt. Doch dazu gleich mehr.

Lesen Sie jetzt: *Matthäus 7,1–5*

Harte Worte, nicht wahr? Aber manchmal muss man Klartext sprechen. Wir wissen aus der Kindheit meist zu gut, wie das ist, wenn andere Kinder mit dem Finger auf uns zeigten und riefen: »*Die da!*« oder »*Der da!*« – In der Regel war damit eine Vorverurteilung verbunden. Es hing an wenigen, die über dich entschieden, ob du zu einer Gruppe gehören darfst oder nicht. Für viele Kinder wurde hier den grundlegenden Traumata der Boden bereitet, der sie heute noch verunsichert, wenn sie in einem sozialen System Zugang finden sollen. Um so schlimmer, wenn du von Einzelnen oder einer Gruppe verurteilt und gebrandmarkt wirst. Die Seele leidet, sie wird verletzt, eine Kränkung, die Nachwirkungen hat.

Gleichzeitig haben wir als Kinder gelernt, dass, wenn ich mit einem Finger auf jemanden zeige, drei andere auf mich zurückweisen. Deshalb kann Jesus auch sagen, dass der Splitter im Auge des Bruders und der Balken im eigenen Auge in einem gewissen Zusammenhang stehen. Man könnte es so formulieren: Sie sind aus dem gleichen Holz! Meist ist das, was mich an anderen stört, etwas, was ich selbst in meiner Person mit mir trage. Je mehr ich mich also über andere aufrege und sie verurteile, umso deutlicher treten mir vielleicht meine eigenen – gleichen – Anteile vor Augen. Ein schmerzlicher Prozess der Selbsterkenntnis. Neurobiologen würden es vielleicht mit dem Phänomen der »Spiegelneuronen« in Zusammenhang bringen. Jemand kramt das Handy aus der Hosentasche und schaut nach den SMS – schon gibt es eine Reihe anderer, die das Gleiche tun. Uns verbindet so viel – auch an allzu Menschlichem. Das Holz, aus dem wir gebaut sind, ist eben doch unser Menschsein. Deshalb wird das Maß, mit dem wir andere messen, uns irgendwann treffen. Statt *Vor-Verurteilungen* sollten wir Vor- und Nachsicht üben, mit uns – und den anderen!

Impulsfrage: *Welche Splitter und Balken sind in Ihren Augen?*

21. Tag: »Mein Sohn war tot und lebt wieder!«

Dienstag der dritten Fastenwoche

Es ist eine der schönsten Versöhnungsgeschichten, die wir in der Bibel finden. Sie berührt uns, aber sie verunsichert uns auch. Welche Geschichte meine ich?

Lesen Sie jetzt: *Lukas 15,11–32*

Auf welcher Seite stehen Sie? – Eine gemeine Frage, oder? Wenn wir ehrlich sind, haben wir Mitleid mit dem jüngeren Sohn, der sein ganzes Erbe verprasst. Andererseits: In dem Moment, wo er sich das Erbe zu Lebzeiten des Vaters auszahlen lässt, sagt er dem Vater indirekt: Du bist eigentlich für mich gestorben! Wie tief mag den Vater das getroffen haben. Die Sätze »*Solange du deine Füße unter diesen Tisch stellst …*« mögen bei dem ein oder anderen nachklingen – hat denn der Vater nicht alles getan, damit der Bursche auf eine gute Bahn kommt?

Wir können uns also auch gut in den Vater hineinversetzen. Erlebt er es als sein Scheitern, wie so viele Eltern, die sich fragen: »*Was haben wir nur falsch gemacht?*« In einem Bibliodrama zu dieser Bibelstelle gab es mehrere Väter. Alle warteten sehnsüchtig auf die Rückkehr des Sohnes. Man spürte ihnen an, dass die Sorge größer war als die Enttäuschung. Da wäre dann noch der ältere Bruder. Verärgert, enttäuscht, zu kurz gekommen – irgendwie verstehen wir ihn auch. Wie werden die beiden Brüder nach der Rückkehr am nächsten Morgen miteinander in Kontakt gekommen sein?

Es ist eine Erzählgeschichte und doch ereignet sie sich immer wieder in unseren Familien. Zentral ist dabei, dass es hier um Leben und Tod geht. Sich vom »Vater« zu trennen heißt biblisch: einen Weg ohne Gott zu gehen, oder, anders gesagt, einen Weg ohne Sinn zu gehen. Das Leben wird sinnlos.

Diese Geschichte will uns einladen, über unsere Gottesbeziehung nachzudenken. Es geht darum, in welcher Beziehung wir zu Gott stehen, ob wir von ihm das LEBEN erwarten. Ohne ihn sind wir tot. Mit ihm hat unser Leben einen Sinn, leben wir. Dies gilt für den jüngeren wie den älteren Sohn.

Impulsfrage: *Auf welche Weise leben Sie Ihre lebendige Gottesbeziehung?*

Die sieben Gesten der Barmherzigkeit

Mittwoch der 3. Fastenwoche
bis Dienstag der 4. Fastenwoche

22. Tag: »Hände zur Versöhnung reichen«

Mittwoch der dritten Fastenwoche

In diesen kommenden Tagen wird es um unsere Sinnesorgane bzw. unseren Körper gehen. Heute wenden wir uns den Händen zu.

Betrachten Sie jetzt erst einmal für ein paar Augenblicke Ihre beiden Hände: die Handinnenflächen, aber auch die Außenseiten, die Finger, die Lebenslinien, … Wie kurz oder wie breit oder wie lang sind Ihre Hände? Haben Sie Hände mit vielen Falten oder noch ganz junge Hände mit glatter Haut? War Ihre Hand mal verletzt und Sie sehen eine Narbe? Bilden Sie ruhig mal eine Faust, streicheln Sie Ihre Hände einmal sanft, zwicken Sie sich auch einmal mit zwei Fingern in die Haut. Heben Sie die Hände mal in die Luft und winken. Hauen Sie mal mit der Faust auf den Tisch (soll ab und an ja auch helfen …), erheben Sie ruhig mal drohend den Zeigefinger, spielen einmal virtuell Klavier usw. – Sie sehen: Unsere Hände sind nicht mehr wegzudenken.

Wenn ich im Zug oder beim Einkauf Menschen beobachte, die sich in der Gebärdensprache ausdrücken, bin ich immer wieder etwas traurig darüber, dass ich diese Sprache nicht beherrsche. Sie ist eine Fremdsprache. Andererseits: Auch wir reden ständig mit den Händen und unterstreichen damit das, was wir vermitteln wollen. Ob wir jemanden herbeirufen möchten und dies mit der Hand andeuten, oder die Hände abwehrend ausstrecken, ob wir die Hände zur Begrüßung schütteln oder zu einer Schale formen, ob wir betend die Hände ausbreiten oder falten – die Hände haben ihre eigene Sprache. Wir wollen schließlich unser Leben gut »händeln«.

Beim Abschluss von Wirtschaftsverträgen schütteln Politiker vor laufender Kamera einander die Hände. Es soll unterstreichen, dass man sich einig ist. Eheleute reichen einander bei der Trauung die Hände, bei verschiedenen Sakramenten erfolgt eine Handauflegung auf den Kopf, Schüler bringen nach erfolgreicher Streitschlichtung durch das Händereichen ihre Versöhnung zum Ausdruck, Erwachsene ebenso.

Lesen Sie jetzt: *Johannes 21,15–19*

Die Hände ausstrecken zu Gott hin, bedeutet: mit ihm verbunden bleiben, sich führen lassen von ihm. Gegenüber Menschen können wir unsere Hände zur Versöhnung ausstrecken. Es ist ein Akt der Liebe und Barmherzigkeit.

Impulsfrage: *Gibt es jemanden, der auf Ihre ausgestreckten Hände wartet?*

23. Tag: »Augen vor dem Elend nicht verschließen«

Donnerstag der dritten Fastenwoche

Unsere Augen sind hochempfindlich. Wir müssen innerhalb kürzester Zeit eine unglaublich große Zahl an Einzelbildern verarbeiten und über die Nervenzellen an das Gehirn weiterleiten. Kein Wunder, dass man manches *»nicht mehr mit ansehen«* kann, dass wir *»einfach wegschauen«* und die *»Augen vor so viel Elend verschließen.«* Wir können blind vor Wut, aber auch aus Liebe werden. Wir sehen über manches hinweg, übersehen aber auch Wichtiges. Wir haben nicht immer alles im Blick, verlieren derweil die Perspektive, suchen nach neuen Gesichtspunkten und genießen die Aussicht. Schließlich machen wir anderen *»schöne Augen«* und *»drücken sogar ein paar Augen zu«*, wenn es mal nicht so stimmt. Doch wenn wir die Augen für immer schließen, wissen wir, dass das Ende gekommen ist.

Allein die sprachlichen Metaphern zeigen, wie sehr wir auch unsere Augen brauchen. Paulus greift unsere Sinne und Körperglieder im ersten Brief an die Korinther auf und bringt sie in eine wunderbare Metaphorik.

Lesen Sie jetzt: *1 Korinther 12,16–22*

Ohne unsere Augen würde uns etwas Wesentliches fehlen. Unser Menschsein wäre ärmer. Wir können ganz gut ohne eine Hand leben, auch noch ohne ein Bein – schlimm genug, aber es ginge. Aber wenn wir blind sind?! Was ist das für eine Herausforderung?! Ich erinnere mich an eine Ordensschwester bei Exerzitien, die blind ihren Alltag: bestreiten musste. Bei den Mahlzeiten flüsterte man ihr zu, was es zu essen gebe, dann teilte ihr eine Schwester liebevoll mit, wo was auf dem Teller lag. Dazu bediente sie sich der Einteilung einer Uhr. Auf »drei Uhr« lag das Fleisch, auf »sechs Uhr« die Kartoffeln und auf »neun Uhr« das Gemüse. Versuchen Sie einmal, blind zu essen – ich garantiere Ihnen, Sie verzweifeln und werden – um es humorvoll zu sagen – auch auf diese Weise an Gewicht verlieren!

Doch müssen wir auch ehrlich sein. Wie sehr lassen wir uns auch blenden von dem, was die Menschen uns erzählen, die Medien uns vorgaukeln? Wie oft schauen wir weg und wollen die Wirklichkeit nicht sehen, geschweige denn wahrhaben? Gott sagt über das Volk Israel: »*Menschensohn, du wohnst mitten im Haus der Widerspenstigkeit, das Augen hat, um zu sehen, doch sie sehen nicht, das Ohren hat, um zu hören, doch sie hören nicht; denn sie sind ein Haus der Widerspenstigkeit.*« (Ezechiel 12,2) Es stimmt wohl: Man sieht nur mit dem Herzen gut!

Impulsfrage: *Wo passiert es Ihnen, dass Sie bewusst wegschauen?*

24. Tag »Ohren öffnen für die Schreie der Armen«

Freitag der dritten Fastenwoche

Kennen Sie den Händegestus von Mister Spock vom »Raumschiff Enterprise?« Zeige- und Mittelfinger werden zusammengelegt, Ringfinger und kleiner Finger ebenfalls, dann werden alle Fingerpaare und der Daumen gespreizt. In dieser Formation bilden die Finger den hebräischen Buchstaben »sch« (schin).

Nein, ich bin nicht wirklich ein Fan von »Enterprise« oder »Startrack«. Ich schreibe Ihnen das auch nicht, weil Mister Spock so große, lang gezogene Ohren hatte. Sondern, weil Leonard Simon Nimoy († 2015) Jude war. Was keiner wusste: Mit diesem Handgestus stellte er (sehr bewusst!) den Anfangsbuchstaben eines wichtigen Wortes im Hebräischen dar. Das Wort heißt »sch'ema« und bedeutet: »Höre!« Wir finden es x-mal im Alten Testament an zentralen Stellen. Etwa im Buch Deuteronomium: »*Mose rief ganz Israel zusammen. Er sagte zu ihnen: Höre, Israel, die Gesetze und Rechtsentscheide, die ich euch heute vortrage. Ihr sollt sie lernen, sie bewahren und sie halten.*« (Deuteronomium 5,1) Bei den Zehn Geboten steht es zu Beginn und ist bis heute der zentrale Gebetsruf im Judentum: »Sch'ema Israel« – »*Höre, Israel! Jahwe, unser Gott, Jahwe ist einzig.*« (Deuteronomium 6,4) Auch Jesus zitiert diese Stelle in Markus 12,29 als Antwort auf die Frage nach dem wichtigsten Gebot.

Die Regel des heiligen Benedikt beginnt ebenfalls mit diesen Worten: »*Höre, mein Sohn, auf die Weisung des Meisters, neige das Ohr deines Herzens!*« (Prolog 1) Das Hörorgan ist das erste, das bei einem Embryo in Funktion ist. Es hört die Herzschläge der Mutter. Bei alten, schwerkranken Patienten gehen Ärzte davon aus, dass so ziemlich alles versagen kann, aber dass die Hörfunktion bis zum Schluss erhalten bleibt.

Höre, Menschensohn! – so wird der Prophet Ezechiel von Gott angesprochen: »*Er sagte zu mir: Menschensohn, nimm alle meine Worte, die ich dir sage, mit deinem Herzen auf und höre mit deinen Ohren!*« (Ezechiel 3,10) Hinzuhören ist nicht nur eine Übung, die Schüler und Schülerinnen machen müssen, weil sie unaufmerksam sind. Es geht um eine besondere Qualität des Hörens. Im Französischen unterscheidet man zwischen dem – sagen wir – mechanischen Hören, dem »*écouter*«, und dem tiefsinnigen Hören im Sinne des Wahrnehmens, »*entendre*«. Medien berichteten im Dezember 2015 davon, dass eine junge Frau im Vorbeigehen das leise Wimmern aus einer Mülltonne wahrnahm – sie suchte, hörte hin und fand ein kleines Baby. Wir müssen oft die leisen Töne heraushören, die Zwischentöne, um zu verstehen, was Menschen uns mitteilen wollen.

Lesen Sie jetzt: *Psalm 34*

Impulsfrage: *Wo hören Sie bewusst weg und überhören damit Wesentliches?*

25. Tag: »Mit dem Mund ein Wort der Vergebung sprechen«

Samstag der dritten Fastenwoche

Wie schwer geht uns manchmal ein »Entschuldigung!« über die Lippen. Wie rasch hingegen vermag unsere Zunge über andere zu lästern, zu tratschen, zu schimpfen, Lügen oder Halbwahrheiten zu verbreiten. Indianer sprechen von der »*gespaltenen Zunge*«, wenn sie sagen möchten, dass jemand mal so, mal so redet. Nicht umsonst bekennen wir im Schuldbekenntnis, dass wir »*gesündigt haben, in Gedanken, Worten und Werken*«. Selbst wenn wir nichts sagen – unsere Gedanken verraten zumindest uns selbst unsere innere Gesinnung. Natürlich rutscht uns auch manchmal etwas raus, was wir wenige Sekunden später bereuen. Nicht umsonst besteht ein Großteil politischer Anstrengungen immer wieder darin, zu beteuern, dieses oder jenes nicht so gemeint zu haben – oder es gar komplett zu dementieren. »*Hüte deine Zunge!*«, hat man da wohl in früheren Zeiten treffsicher gemahnt!

Schon der Prophet Jeremia musste leidvoll erfahren, wie mächtig das Wort sein kann, als seine Feinde gegen ihn Unheilvolles im Schilde führten: »*Sie aber sagten: Kommt, lasst uns gegen Jeremia Pläne schmieden! Denn nie wird dem Priester die Weisung ausgehen, dem Weisen der Rat und dem Propheten das Wort. Kommt, wir wollen ihn mit Worten schlagen und auf keines seiner Worte achten.*« (Jeremia 18,18) Auch Jesus wird an seinen eigenen Worten gemessen und man dreht es ihm sogar im Mund herum. Er weiß um die Macht seines Wortes, wie es der Prophet Jesaja schon sagt: *»Denn wie der Regen und der Schnee vom Himmel fällt und nicht dorthin zurückkehrt, ohne die Erde zu tränken und sie zum Keimen und Sprossen zu bringen, dass sie dem Sämann Samen gibt und Brot zum Essen, so ist es auch mit dem Wort, das meinen Mund verlässt: Es kehrt nicht leer zu mir zurück, ohne zu bewirken, was ich will, und zu erreichen, wozu ich es ausgesandt habe.«* (Jesaja 55,10 f)

Worte haben große Macht. Auch nichts zu sagen, das Schweigen, kann machtvoll sein. *»Sag doch etwas!«*, fleht dann ein Mensch den anderen an. Aber eisiges Schweigen ersetzt viele Worte. Gott aber wendet diese Stille: *»Als tiefes Schweigen das All umfing und die Nacht bis zur Mitte gelangt war, da sprang dein allmächtiges Wort vom Himmel, vom königlichen Thron herab als harter Krieger mitten in das dem Verderben geweihte Land.«* (Weisheit 18,14) – für den Evangelisten Johannes steht fest, wer dieses Wort ist: Jesus Christus, der LOGOS selbst (Johannes 1,1).

Wenn also das Wort so mächtig ist, wenn es unser Leben verändert – warum fällt es uns so schwer, ein Wort der Vergebung zu sprechen?

Lesen Sie jetzt: *Epheser 4,25–32*

Impulsfrage: *Fällt es Ihnen schwer, ein Wort der Vergebung zu sagen?*

26. Tag: »Sich hinabbeugen zu dem, der am Boden liegt«

Vierter Fastensonntag

Kennen Sie die Geschichte von der »gekrümmten Frau« in der Bibel? Darf ich Sie einladen, diese Frau kennenzulernen?

Lesen Sie jetzt: *Lukas 13,10–17*

Spannend, nicht wahr? Nicht nur, dass diese Frau körperlich gestraft genug ist, weil sie gekrümmt ist! Nein, da will – mal wieder ein Mann – über sie bestimmen und durch das Verbot der Heilung ihren Zustand so belassen. Gewiss, Jesus könnte ja an jedem anderen Tag: auch heilen, das steht ihm frei.

Aber der Teufel steckt bekanntlich im Detail! Hier geht es darum, dass für jedes Tier andere Sabbatgesetze gelten als für einen Menschen. Ein Tier führt man auch am Sabbat zur Tränke, damit es seinen Durst löschen kann. Man bindet es los von seinen Fesseln – warum also nicht einen Menschen?

Bei einem Seminar mussten wir einmal als Teilnehmende für einige Minuten in gekrümmter Haltung umhergehen. Glauben Sie mir, der Rücken beginnt sehr rasch zu schmerzen! Wenn Sie möchten, machen Sie das jetzt! Ja, stehen Sie auf und gehen Sie mal durch Ihre Wohnung oder Ihr Haus in gekrümmter Haltung. Ihr Blick ist nur auf den Boden gerichtet, Sie nehmen fast nichts mehr über ihnen, genau vor Ihnen oder gar links und rechts wahr. Ihr ganzes Sichtfeld ist eingeschränkt. Der Seminarleiter bat uns irgendwann, stehenzubleiben. Er begann, bei einer Teilnehmerin langsam den Rücken von den Schultern abwärts mit beiden Händen zu streichen. Immer und immer wieder. Langsam gab er der Frau so ihre aufrechte Haltung zurück. Dann tat sie es bei jemand anderem – bis wir alle wieder aufgerichtet waren. Ich kann Ihnen sagen: Halten Sie diese Wartezeit einmal aus. Im Evangelium steht, dass die Frau seit achtzehn Jahren gekrümmt war! Wissen Sie, was das bedeutet?

Jesus sagt, dass der Satan die Frau gefesselt hat. Der Satan ist – wörtlich – der »*Durcheinanderwerfer*«. Einer, der unser Leben aus der Bahn wirft. Was krümmt uns nicht alles im Laufe unseres Lebens? Wer will uns nicht alles kleinmachen, den Willen brechen – und: Bei wem tun wir das nicht auch?

Impulsfrage: *Zu wem könnten Sie sich niederbeugen und ihn aufrichten?*

27. Tag: »Den anderen in seiner Gebrechlichkeit stützen«

Montag der vierten Fastenwoche

Es ist wohl immer noch eine »gute Tat«, wenn wir, wie die Pfadfinder, einer älteren Person die Einkaufstasche ein Stück tragen, einen Sitzplatz im Bus anbieten oder über die Straße helfen. Denn eines ist gewiss: Das Alter und seine Gebrechlichkeit wird vor unserer Tür auch Halt machen. Wenn dann noch Parkinson oder Demenz hinzukommen, dann spüren auch wir irgendwann, was wir jetzt bei alten Menschen erleben: Man ist ohnmächtig und hilflos, von anderen abhängig und irgendwie nicht mehr frei. Vielleicht lesen wir so die Stelle im letzten Kapitel des Johannesevangeliums auch mal anders, wenn Jesus zu Petrus sagt: »*Als du jünger warst, hast du dich selbst gegürtet und gingst, wohin du wolltest. Wenn du aber alt geworden bist, wirst du deine Hände ausstrecken und ein anderer wird dich gürten und dich führen, wohin du nicht willst.*« (Johannes 21,18) Jesus sagt dies sogar, um Petrus anzudeuten, wie er sterben wird – das ist der letzte Punkt, auf den wir keinen Einfluss mehr haben.

Doch Gebrechlichkeiten gibt es auch vor dem Altwerden. Es gibt viele Dinge, die unser Leben brüchig machen! Die Bruchstellen unseres Lebens sind zwar auch die Reifungsmomente, die uns weiterkommen lassen – aber wir zahlen oft einen hohen Preis dafür! Beziehungen, die zerbrechen, gehören auch zu den Gebrechlichkeiten unserer Seele. Alles, was zu Bruch geht, der Traum vom Arbeitsplatz, vom Haus, von der Familie, vom Freundeskreis. Gebrechlichkeiten sind nicht äußerlich, wenn wir selbst auf wackligen Füßen stehen, sondern wenn die Säulen unseres Lebens ins Wanken geraten. Die Seismografen – die Erdbebenmessinstrumente – warnen uns eigentlich zeitig davor, aber wir überhören und übersehen oft die Signale. So sind wir Menschen eben. Wichtig ist dann, dass wir – wenn unser Leben zusammenbricht – einander stützen. Der Apostel Paulus hat diese Erfahrung vor Damaskus gemacht. Sein ganzes religiöses Leben bricht mit einem Mal zusammen. Gut, wenn es dann so einen Hananias gibt, wie in der Erzählung von der Bekehrung des Apostels Paulus, oder wie einen Simon von Zyrene auf dem Kreuzweg Jesu (vgl. Markus 15,21).

Lesen Sie jetzt: *Apostelgeschichte 9,1–22*

Impulsfrage: *Wen könnten Sie in den »Bruchstellen« des Lebens stützen?*

28. Tag: »Den anderen in seiner Not umarmen«

Dienstag der vierten Fastenwoche

Terroranschläge, Amoklauf, Krieg, Unfälle, Katastrophen, Todesfälle. Es gibt kaum eine Not, die uns mehr trifft, als die unabänderliche Tatsache, dass bei all diesen Ereignissen der Tod eines geliebten Menschen seinen Schatten über die Menschheit wirft.

Solche Momente werfen uns aus der Bahn, stellen uns vor große Fragezeichen.

Die klassischen Fragen nach dem *»Wie kann das möglich sein?«, »Warum?« und »Wozu?«* tauchen am Horizont auf, bleiben aber in der Regel unbeantwortet. Fassungslos sitzen wir vor den Fernsehbildschirmen, hören uns das Leid an, lesen in den Tageszeitungen die stets gleichen Meldungen. Sprachlosigkeit und zum Teil Wut machen sich breit. Sprachlosigkeit, weil wir einfach keine Worte mehr finden. Wut, weil wir ohnmächtig sind und nichts ändern können.

Doch – wir können etwas tun. Es ist nicht viel. Aber es spricht mehr als tausend Sprachen. Eine einfache Umarmung. Jemanden in den Arm nehmen und trösten. Der Prophet Kohelet ist der einzige Schreiber in der gesamten Heiligen Schrift, der das Wort »umarmen« nutzt: Es gibt *»eine Zeit zum Umarmen und eine Zeit, die Umarmung zu lösen«* (Kohelet 3,5), sagt er. Eine Umarmung darf kein Klammern und Festhalten werden – wir neigen dazu in Partnerschaften, bei Problemen, in der Trauer. Hinter der Umarmung steht die Absicht, den anderen ohne große Worte zu trösten. An der Schulter kann er oder sie sich ausweinen, schluchzen, wehklagen.

Für das Volk Israel war der Fall Jerusalems im 6. Jahrhundert v. Chr. ein tragischer Augenblick der Geschichte. Die Deportation nach Babylon zerstörte das innere Gefüge des Landes. Trauer über den Verlust der Heimat machte sich breit. Der Psalm 137 bringt diese Not ins Wort: »*An den Strömen von Babel, da saßen wir und weinten, wenn wir Zions gedachten. An die Weiden in seiner Mitte hängten wir unsere Leiern. Denn dort verlangten, die uns gefangen hielten, Lieder von uns, unsere Peiniger forderten Jubel: Singt für uns eines der Lieder Zions! Wie hätten wir singen können die Lieder des HERRN, fern, auf fremder Erde?*« (Psalm 137,1–4) Wie oft mögen Eltern ihre Kinder und Ehepartner einander umarmt und getröstet haben? Nicht auszudenken, welche Not durch den Holocaust eintrat.

Lesen Sie jetzt: *Jesaja 66,10–14*

Impulsfrage: *Wen sollten Sie in seiner Not umarmen – ohne große Worte?*

Die sieben Bilder der Barmherzigkeit

Mittwoch der 4. Fastenwoche
bis Dienstag der 5. Fastenwoche

29. Tag: »Der verlorene Sohn« (Lukas 15,11–32)

Mittwoch der vierten Fastenwoche

In den nächsten sieben Tagen lade ich Sie ein, uns von Werken Bildender Kunst inspirieren zu lassen. Bilder haben ja ihre ganz eigene Sprache. Gerade abstrakte Malereien sind für Betrachtende eine Herausforderung. Die Bilder, die wir in dieser Woche betrachten, sind figürlich, zeigen direkt Personen und Handlungen. Aber sie wirken durch Farben und Formen und die zum Teil ungewöhnliche Darstellung. Ich hoffe, Sie finden darin einen Zugang für sich.

Möglichkeit 1: Das Bild des heutigen Tages (und auch der künftigen) finden Sie unter www.martyria.de. Dort klicken Sie auf »EiA_Bilder«. Die Bilder sind nach dem jeweiligen Tag sortiert. Wenn Sie möchten, downloaden Sie das Bild und drucken Sie es sich mit einem Farbdrucker – falls vorhanden – aus.

Betrachten Sie das Bild »Der verlorenen Sohn« von Rembrandt zunächst einmal für einige Minuten.

Nehmen Sie das Bild im Ganzen wahr. Was fällt Ihnen auf? Was lösen die hellen, lichten Farben (Weiß, Gelb, Orange) bei Ihnen aus? Wie wirkt die dunkle rechte Seite auf Sie? Wie wirkt die blau-schwarze Umgebung auf Sie? Welche Gedanken und Gefühle löst die blaue Farbgebung bei Ihnen aus?

Betrachen wir die Szene: Der Vater hält den heimgekehrten, verlorenen Sohn fest in seinen Armen. Im Hintergrund steht der ältere Bruder, der erste Sohn. Man sieht nur das Gesicht

Ernst Barlach, »Das Wiedersehen (Christus und Thomas)«,
1926, Stukko holzfarben getönt

des Vaters und das der Gestalt im Hintergrund. Sehen Sie das leichte Lächeln im Gesicht des Vaters? Können Sie die Innigkeit der Umarmung spüren? Der Heimgekehrte wendet uns den Rücken zu. Wie mag es ihm wohl gehen? Und der ältere Bruder im Hintergrund? Sehen Sie das Gesicht mit seiner Mimik? Nehmen Sie die Handhaltung der rechten Hand wahr?

Decken Sie einmal das rechte Drittel des Bildes mit einem Blatt Papier ab. Danach die linken zwei Drittel. Welche Gefühle kommen Ihnen? Welche Gedanken gehen Ihnen durch den Kopf? Wenn über den Bildern »Sprechblasen« wären, was könnten die Personen sagen oder denken?

Wenn Sie selbst in diesem Bild wären, welche der Personen wären Sie? Lassen Sie einen inneren Dialog zwischen den Personen entstehen.

Möglichkeit 2: Wenn Sie die Homepage nicht besuchen möchten, haben Sie heute und in den kommenden Tagen auch die Möglichkeit, das Bild im Buch zu verwenden.
Betrachten Sie die Skulptur von Ernst Barlach »Wiedersehen«:

Betrachten Sie die Körperhaltungen und die Gesichter der Figuren. Welche Gefühle kommen Ihnen? Welche Gedanken gehen Ihnen durch den Kopf? Wenn über den Bildern »Sprechblasen« wären, was könnten die Personen sagen oder denken?

Lesen Sie jetzt: *Lukas 15,11–32*

30. Tag: »Die blutflüssige Frau« (Markus 5,21–34)

Donnerstag der vierten Fastenwoche

Möglichkeit 1: Das heutige Bild ist ein Glasfenster. Sie finden es wieder unter www.martyria.de. Dort klicken Sie auf »EiA_Bilder«.

Das Fenster hängt in der Kapelle des Mathilden-Hospitals in Herford. Es zeigt die Heilung der blutflüssigen Frau. Nehmen Sie das Glasfenster im Ganzen wahr. Was fällt Ihnen auf? Zunächst einmal gewiss die Zweiteilung – der Fensterteilung geschuldet. Und doch sind es auch zwei Personen – zwei Seiten.

Nehmen Sie die stehende Figur mit dem gelben Gewand und dem roten Umhang auf der linken Seite wahr. Achten Sie auf die Handhaltungen. Der Hintergrund ist hell. Viel Licht kann bei Sonnenschein auf die Szene fallen. Was lösen die Farben bei Ihnen aus? Betrachten Sie das Gesicht näher, den Blick der Augen. Was denken Sie? Was fühlen Sie?

Wenden Sie sich jetzt der zweiten Bildhälfte zu. Die Person am Boden. Dunkle Farben prägen die Kleidung. Wenn Sie möchten, nehmen Sie einmal diese Körperhaltung ein, kauern Sie am Boden, gebeugt, den Kopf aber leicht erhoben, die Hände offen. Wie wirkt diese Person auf Sie? Welche Gefühle löst sie bei Ihnen aus?

Wenn über den Bildern »Sprechblasen« wären, was könnten die Personen sagen oder denken? Wenn Sie selbst in diesem Bild wären, welche der Personen wären Sie?

Wofür könnten die zwei Bäume im Hintergrund stehen? Haben Sie auch wahrgenommen, dass der Baum auf der linken Seite »jünger« und frischer wirkt – rechts aber verknorrt und durch das Braun auch alt? Oder dass die Form des Baumes auf der rechten Seite der Körperkrümmung der am Boden liegenden Person entspricht, das kleine Bäumchen links aber ein Kreuz bildet?

Möglichkeit 2: Betrachten Sie den Holzschnitt »Die blutflüssige Frau« von Sr. M. Sigmunda May OSF:

Betrachten Sie die Figuren, ihre Körper- und Handhaltungen, ihre Blicke. Wie wirken die Personen auf Sie? Welche Gefühle lösen sie aus?

Wenn über den Personen »Sprechblasen« wären, was könnten die Personen sagen oder denken? Wenn Sie selbst in diesem Bild wären, welche der Personen wären Sie?

Lesen Sie jetzt: *Markus 5,21–34*

»Wenn ich nur sein Gewand berühre I« (MSM 38, 1976),
Holzschnitt von Sr. M. Sigmunda May OSF, © Kloster Sießen

31. Tag: »Die Heilung zweier Blinder« (Matthäus 20,29–34)

Freitag der vierten Fastenwoche

Möglichkeit 1: Das Bild des heutigen Tages finden Sie unter www.martyria.de. Dort klicken Sie auf »EiA_Bilder«.

Es ist ein Mosaik aus Ravenna und zeigt die Heilung der beiden Blinden von Kafarnaum. Während Markus das Ganze in Jericho geschehen lässt – dort ist es der blinde Bartimäus als Einzelperson, haben wir es in der Fassung des Matthäus mit zwei namenlosen Blinden zu tun.

Nehmen Sie das Mosaik erst einmal im Ganzen wahr. Was fällt Ihnen auf? Vier Personen sind zu sehen. Etwa mittig steht Christus, der Handelnde. Achten Sie auf die Händehaltung der beiden Blinden, auf die Hand Jesu, auf jene des Begleiters rechts von ihm. Betrachten Sie die verschiedenen Gesichter, vor allem die Augen der beiden Blinden. Nehmen Sie auch wahr, wohin die Begleitperson Jesu blickt. Fühlen Sie sich angeschaut?

Welche Gefühle kommen Ihnen? Welche Gedanken gehen Ihnen durch den Kopf? Christus berührt mit dem Finger das Auge des ersten Blinden. Wir wirkt der Gestus auf Sie?

Wenn über den Bildern »Sprechblasen« wären, was könnten die Personen sagen oder denken? Wenn Sie selbst in diesem Bild wären, welche der Personen wären Sie?

Einer wird gerade geheilt, der andere noch nicht – was löst das in Ihnen aus?

Möglichkeit 2: Betrachten Sie den Holzschnitt »Heilung zweier Blinder« von Sr. M. Sigmunda May OSF.

Achten Sie auf die Händehaltung der beiden Blinden, auf die Hand Jesu. Betrachten Sie die verschiedenen Gesichter, vor allem die Augen der beiden Blinden.

Welche Gefühle kommen Ihnen? Welche Gedanken gehen Ihnen durch den Kopf? Christus berührt mit dem Finger das Auge des ersten Blinden. Wir wirkt der Gestus auf Sie?

Wenn über den Bildern »Sprechblasen« wären, was könnten die Personen sagen oder denken? Wenn Sie selbst in diesem Bild wären, welche der Personen wären Sie?

Lesen Sie jetzt: *Matthäus 20,29–34*

»Mach, dass wir sehen« (MSM 99, 1980),
Holzschnitt von Sr. M. Sigmunda May OSF, © Kloster Sießen

32. Tag: »Die Ehebrecherin« (Johannes 7,53–8,11)

Samstag der vierten Fastenwoche

Möglichkeit 1: Das Bild des heutigen Tages finden Sie unter www.martyria.de. Dort klicken Sie auf »EiA_Bilder«. Das Motiv ist Ihnen direkt vertraut. Es ist die Steinigung der Ehebrecherin.

Doch nehmen Sie zunächst einmal das Bild im Ganzen wahr: Was fällt Ihnen auf? Die braune Farbgebung sicherlich als Erstes. Und doch ist das Bild zur Hälfte heller Himmel, zur Hälfte aber auch Motiv.

Was spielt sich im Vordergrund, was im Hintergrund ab? Sie sehen die Personen um die Szene am Boden herum. Wie wirken diese Menschen auf Sie? Was bringen sie durch ihre Körperhaltung zum Ausdruck? Jene, die sich von der Szene entfernen, jene, die noch dabei stehen? Eine Gestalt rechts hält einen großen rundförmigen Stein in seiner rechten Hand. Andere Steine liegen bereits am Boden.

Lassen Sie Ihren Blick nun zur zentralen Handlung am Boden gehen: Die einzige Frau des ganzen Bildes liegt am Boden. Können Sie ihr Gesicht sehen? Und Jesus hockend neben ihr. Welche Gefühle löst diese Szene, diese Nähe, diese Vertrautheit bei Ihnen aus?

Nehmen Sie das Licht am Boden wahr, das die Szene beleuchtet wie ein Scheinwerfer?

Wenn über den Personen »Sprechblasen« wären, was wird wohl gesprochen? Welche Gedanken könnten wir erahnen?

Wenn Sie selbst in diesem Bild wären, welche der Personen wären Sie?

Möglichkeit 2: Betrachten Sie den Holzschnitt »Die Ehebrecherin« von Karl Schmidt-Rottluff:

Nehmen Sie das Bild im Ganzen wahr. Was fällt Ihnen auf? Achten Sie auf die Anordnung der Figuren? Was spielt sich im Vordergrund ab? Sie sehen die Personen um die Szene herum an. Achten Sie besonders auf die Person vorn links im Bild. Wie wirken diese Menschen auf Sie?

Lassen Sie Ihren Blick nun zur zentralen Handlung gehen: Die einzige Frau des ganzen Bildes kauert in der Mitte. Achten Sie auf ihre Körperhaltung, ihre Hand, ihr Gesicht. Betrachten Sie dann die Körper- und Handhaltung Jesu und seinen Blick. Welche Gefühle löst diese Szene, diese Nähe, diese Vertrautheit bei Ihnen aus?

Wenn über den Personen »Sprechblasen« wären, was wird wohl gesprochen? Welche Gedanken könnten wir erahnen?

Wenn Sie selbst in diesem Bild wären, welche der Personen wären Sie?

Lesen Sie jetzt: *Johannes 7,53–8,11*

Karl Schmidt-Rottluff »Die Ehebrecherin«, 1918, Holzschnitt

33. Tag: »Der Barmherzige Samariter« (Lukas 10,25–37)

Fünfter Fastensonntag

Möglichkeit 1: Das Bild des heutigen Tages finden Sie unter www.martyria.de. Dort klicken Sie auf »EiA_Bilder«. Sie entdecken ein dreigeteiltes Bild, ein sogenanntes »Triptychon«. Es beinhaltet auch drei Handlungsschritte ein- und derselben Geschichte.

Die Erzählung ist Ihnen auch vertraut. Aber bevor Sie nachlesen, nehmen wir zunächst wieder das Bild im Ganzen wahr. Was fällt Ihnen auf? Wie wirkt das starke Rot in der Farbgebung auf Sie? Erinnert es Sie mehr an Blut oder ist es für Sie eine warme Farbe, eine, die Zuwendung, Nähe, Barmherzigkeit ausdrücken kann?

Decken Sie zunächst die beiden rechten Bildteile zu. Zwei Gestalten wenden uns den Rücken zu, einer blickt verstohlen zurück. Sie scheinen sich zu beeilen. Wie wirken diese beiden Personen auf Sie?

Decken Sie nun die beiden linken Bildhälften zu. Auch hier sind zwei Personen in Bewegung. Einer auf dem Pferd. Der andere neben ihm. Auch diese beiden wenden Ihnen den Rücken zu? Was kommt Ihnen an Gedanken, was an Gefühlen?

Und schließlich decken Sie bitte die linke und rechte Bildpartie zu. Es bleibt die Mitte. Was lösen die Farben und weichen Formen bei Ihnen aus? Betrachten Sie die Kopfhaltung des Pferdes. Schauen Sie einmal die Form des Pferderückens an – könnte es ein Herz bilden?

Welche Gefühle kommen Ihnen? Welche Gedanken gehen Ihnen durch den Kopf?

Wenn über den Bildern »Sprechblasen« wären, was wird gesprochen bzw. gedacht? Wenn Sie selbst in diesem Bild wären, welche der Personen wären Sie?

Möglichkeit 2: Betrachten Sie den Holzschnitt von Ernst Barlach »Barmherziger Samariter«:

Betrachten Sie die Körperhaltung beider Personen. Achten Sie auf die Hände, schauen Sie in die Gesichter.

Welche Gefühle kommen Ihnen? Welche Gedanken gehen Ihnen durch den Kopf?

Wenn über den Bildern »Sprechblasen« wären, was wird gesprochen bzw. gedacht? Wenn Sie selbst in diesem Bild wären, welche der Personen wären Sie?

Lesen Sie heute: *Lukas 10,25–37*

Ernst Barlach, »Der Barmherzige Samariter«,
1919, Holzschnitt

34. Tag: »Die Begegnung mit der Sünderin« (Lukas 7,36–50)

Montag der fünften Fastenwoche

Möglichkeit 1: Heute betrachten wir ein sehr detailreiches Bild. Das Bild des heutigen Tages finden Sie unter www.martyria.de. Dort klicken Sie auf »EiA_Bilder«. Das Motiv zeigt die Salbung Jesu.

Nehmen Sie das komplexe Bild zunächst auch im Ganzen wahr. Was fällt Ihnen auf? Sehen Sie die vielen verschiedenen Menschen? Jene im Hintergrund, jene vorn? Ein festliches Gelage, im Vordergrund der Gastgeber und Jesus. Aber auch eine besondere Frau.

Bleiben wir noch für einen Moment im Hintergrund des Gemäldes. Nehmen Sie Menschen hinter dem Absperrgitter wahr? Spüren Sie die Neugierde in deren Blicken? Viele beäugen diese Szene – mit Skepsis, mit Erstaunen, vielleicht mit Befremden.

Warum ist das so? Was ist das Besondere an dieser Szene? Mitten in dieses Fest hinein kommt diese Frau, die wir im Vordergrund sehen. Sie stört die Männerwelt. Was denken Sie über die Frau? Schauen Sie auf ihre Körperhaltung, ihre Hände, ihre Haare. Nehmen Sie die Gefühle wahr, die im Raum entstehen?

Achten Sie jetzt auf den Mann im weißen Gewand. Es ist Jesus. Nehmen Sie auch bei ihm Körperhaltung und Gestik, aber auch die Mimik wahr. Schauen Sie auch auf den Mann auf seiner – von uns aus gesehen – rechten Seite. Wenn er jetzt etwas sagen könnte, was würde er wohl laut formulieren?

Überhaupt: Wenn über den Bildern »Sprechblasen« wären, was wird gesprochen bzw. gedacht?

Wenn Sie selbst in diesem Bild wären, welche der Personen wären Sie?

Betrachten Sie jetzt nur die Frau mit ihrer Körperhaltung, ihrer Geste und Jesajas mit seiner Körperhaltung und seiner Geste als »Dialog«! Was spielt sich da zwischen den beiden ab?

Möglichkeit 2: Betrachten Sie die Grafik »Jesus und die Sünderin« von Roland Peter Litzenburger:

Achten Sie zunächst auf die Körperhaltung der drei Personen. Wie sind sie durch die Haltung zueinander in Beziehung gesetzt? Achten Sie dazu auf die Hände und schauen Sie in beide Gesichter, die gezeigt werden. Was drücken Sie aus? Warum wird das Gesicht der Frau wohl gar nicht gezeigt?

Betrachten Sie jetzt nur das Geschehen zwischen Jesus und der Frau, achten Sie auf die Körperhaltung, die Gesten beider als »Dialog«! Was spielt sich da zwischen den beiden ab?

Wenn über den Bildern »Sprechblasen« wären, was wird gesprochen bzw. gedacht?

Wenn Sie selbst in diesem Bild wären, welche der Personen wären Sie?

Lesen Sie heute: *Lukas 7,36–50*

Roland Peter Litzenburger, »Jesus und die Sünderin«,
Zeichnung, © bei der Rechtsnachfolge

35. Tag: »Der Zöllner Zachäus« (Lukas 19,1–10)

Dienstag der fünften Fastenwoche

Möglichkeit 1: Heute wagen wir uns noch einmal an ein sehr umfangreiches, sehr modernes, farbenfrohes Bild heran. Das Bild des heutigen Tages finden Sie unter www.martyria.de. Dort klicken Sie auf »EiA_Bilder«.

Vielleicht »erschlägt« Sie das Bild aufgrund der vielen unzähligen Menschen. Wie empfinden Sie diese Fülle? Auch die Farbfülle? Fallen Ihnen Einzelheiten auf? Die Sonne bzw. die Sonnen zum Beispiel in ihrer jeweiligen, zum Teil eigenartigen Verfasstheit?

Oder die Nacktheit so vieler Menschen – aber eben nicht aller? Wer ist nicht nackt? Warum könnte der Maler das so gestaltet haben? Wofür könnten die nackten Menschen stehen – im Unterschied zu jenen mit Kleidung?

Welche Gefühle kommen Ihnen? Welche Gedanken gehen Ihnen durch den Kopf?

Wenn über den Bildern »Sprechblasen« wären, was wird gesprochen bzw. gedacht?

Wenn Sie selbst in diesem Bild wären, welche der Personen wären Sie?

Richten Sie Ihren Blick einmal nur auf den Zöllner auf dem Baum, dann einmal nur auf Jesus. Wie nehmen Sie die Personen wahr? Welcher Dialog könnte sich zwischen diesen beiden Personen ereignen?

Möglichkeit 2: Betrachten Sie »Jesus und Zachäus« auf einem Säulenkapitell der Kirche Saint-Nectaire, in Puy-de-Dôme, in Frankreich:

Betrachten Sie die vier Figuren. Wie sind sie angeordnet? Achten Sie auf die Körperhaltungen, schauen Sie in die Gesichter. Welche Gefühle kommen Ihnen? Welche Gedanken gehen Ihnen durch den Kopf?

Wenn über den Bildern »Sprechblasen« wären, was wird gesprochen bzw. gedacht?

Wenn Sie selbst in diesem Bild wären, welche der Personen wären Sie?

Richten Sie Ihren Blick einmal nur auf den Zöllner auf dem Baum, dann nur auf Jesus. Wie nehmen Sie die Personen wahr? Welcher Dialog könnte sich zwischen diesen beiden Personen ereignen?

Lesen Sie heute: *Lukas 19,1–10*

Damit schließen wir die Bildbetrachtungen ab. Danke, dass Sie sich darauf eingelassen haben. Vielleicht war es ungewohnt und neu für Sie. Vielleicht haben Sie aber auch manche biblische Geschichte nun ganz anders wahrgenommen – ein inneres Bild hat sich eingeprägt.

»Jesus und Zachäus« auf einem Säulenkapitell
der Kirche Saint-Nectaire, Puy-de-Dôme, Frankreich

Die sieben
Orte der Barmherzigkeit

Mittwoch der 5. Fastenwoche
bis Dienstag der Karwoche

36. Tag: »Ich war im Gefängnis und ihr habt mich besucht« (Das Gefängnis)

Mittwoch der fünften Fastenwoche

Eine Gefängniszelle. Es bleiben dir letztlich nur wenige Quadratmeter. Eine Pritsche, ein Wandschreibtisch, ein Regal, ein Kleiderschrank. Immerhin kommt Licht durch das Fenster. Am Abend werden zur festgelegten Zeit die Türen geschlossen.

Manchen Menschen wird schon mulmig, wenn sie nur ein paar Stockwerke in einem Aufzug fahren müssen – Klaustrophobie (Raumangst) nennt sich das. Wie würde es sein, wenn man für einige Jahre oder gar Jahrzehnte auf so engem Raum leben muss? Immer unter Kontrolle, abgeschirmt vom normalen Leben »draußen«?

Gefängnisse sind Orte der Abschreckung. Und doch faszinieren uns Geschichten wie jene vom Grafen von Montecristo (von Alexandre Dumas), der nach 14 Jahren aus einem Hochsicherheitstrakt einer Insel entfliehen kann. Jener Kerker, ein leerer Raum, in den man durch eine Öffnung in der Tür das Essen hineinschob, drückt die ganze Trostlosigkeit und Verlorenheit eines Menschen aus, der dort eine Haftstrafe absitzt. Am schlimmsten ist wohl, wenn ein Unschuldiger »einsitzt«, wie es immer wieder vorkommt. Im Roman »*Der letzte Tag eines Verurteilten*« von Victor Hugo kann man Seite für Seite mit dem zum Tode Verurteilten in seiner Zelle mitbangen. Die Schritte auf dem Gang, die Schlüssel der Wärter, das endlose Warten – pure Angst.

Neben Petrus (Apostelgeschichte 12,3–18) und Paulus (Apostelgeschichte 16,24–25) müssen auch einige Propheten des Alten Testamentes (z.B. Jeremia 37,11–21) ins Gefängnis. Auch Johannes der Täufer wird eingekerkert. Und er muss am Ende – wie Jesus – seiner aufrüttelnden Botschaft wegen mit dem Tod büßen.

Lesen Sie heute: *Matthäus 14,3–12 und Matthäus 25,36*

Haben Sie sich schon mal gefragt, wie es Jesus wohl ergangen sein mag in der letzten Nacht vor seinem Tod? Wir wissen nur aus Johannes 18,12–27, dass Petrus ihn verleugnet. Dann brechen die Informationen ab. Die nächste Auskunft erhalten wir erst, als der frühe Morgen anbricht (Johannes 18,28 ff). Aber was ist dazwischen?

Impulsfrage: *Wie mag es Jesus in dieser Nacht wohl ergangen sein?*

37. Tag: »Ich war krank und ihr habt mich besucht« (Das Krankenhaus)

Donnerstag der fünften Fastenwoche

Krankenhäuser haben einen eigenen Stallgeruch. Das klingt jetzt vielleicht etwas negativ. Aber ist es nicht so? Es riecht irgendwie immer nach Desinfektionsmittel! Oder erleben Sie das anders? Und wenn die vielen Wegmarkierungen in den Stockwerken nicht wären, würden wir uns hoffnungslos verlaufen. Krankenhäuser wirken auf manche Menschen beklemmend. Krank zu sein ist nicht nur ein Zustand, es ist auch eine Herausforderung. Wer krank ist, soll »geduldig« sein, muss warten können, braucht Zeit zur Heilung. Nichts geht »flott« und einfach mal so. Das reibt manche Kranke auf.

Jesus weiß darum, wie das ist, wenn einer krank ist. Er braucht Nähe. Die »Visite« des Ärzteteams ist eine vorübergehende Erscheinung von wenigen Minuten. Ein Moment der Anspannung, bis die »Götter in Weiß« dir etwas Gutes sagen oder aber dich vertrösten. Am schönsten dürfte wohl der Satz sein: »*Übermorgen dürfen Sie nach Hause gehen!*« Wenn Jesus im 25. Kapitel bei Matthäus sagt: »*Ich war krank und ihr habt mich besucht!*« (Matthäus 25,36), dann meint er nicht die Visite. Vielmehr hat er das Verweilen bei einem Kranken im Blick. Es ist eine aktive Präsenz.

Lesen Sie heute: *Jakobus 5,13–18*

In diesem Kapitel des Jakobusbriefes ist die Basis der Krankensalbung beschrieben. Die Salbung der Kranken mit Öl ist kein letzter »Ölwechsel«. In früheren Zeiten hatten die Leute Angst, wenn der Pfarrer mit Kreuz, Laterne und Öl kam – da war klar: Es ist so weit. Es geht zu Ende. Nein, die Krankensalbung dient der Stärkung eines Kranken. Die Seele soll aufgebaut und aufgerichtet werden. Wenn es wirklich im letzten Moment geschieht, dann ist es die Wegbegleitung in das »Hinüber« der anderen Wirklichkeit.

Als Jesus seinen Dienst am Menschen aufnimmt, ist eine seiner zentralen Handlungen die Heilung von Kranken (vgl. Markus 1,32ff; 6,5.13.55f). Sein Leitmotiv ist sehr klar und eindeutig: »*Nicht die Gesunden bedürfen des Arztes, sondern die Kranken.*« (Markus 2,17). Daher ist es gut, wenn wir Kranke besuchen. Und krank ist man nie nur physisch. Die verborgenen, seelischen Kränkungen sehen wir oft nicht.

Impulsfrage: *Gibt es kranke Menschen, die Sie besuchen möchten, oder wünschen Sie sich vielmehr, dass jemand zu Ihnen kommt?*

38. Tag: »Wenn du alt bist, wird ein anderer dich gürten« (Das Pflegeheim)

Freitag der fünften Fastenwoche

Einen Besuch in einem Alten- und Pflegeheim zu machen, kann eine Herausforderung sein. Allein mit Blick auf die betagten Bewohnerinnen und Bewohner mit ihren kleinen Eigenheiten – die wir übrigens in den Jahren vor dem Altwerden auch kräftig kultivieren und ausbauen – kostet das eine Menge Energie und Geduld! Wie viel mehr haben erst die Pflegekräfte Geduld, Ruhe und Barmherzigkeit im Umgang mit ihren »Leutchen«. Man kann das nur bewundern und Verständnis haben, wenn sie manchmal auch strenger sind. Es ist auch eine Herausforderung, wenn der eigene Vater oder die eigene Mutter dich nicht mehr erkennt. Die Demenz schreitet voran und du spürst, dass deine Eltern sich von dir irgendwie entfernen. Das Aussehen verändert sich und oft sind es nur noch die Augen, die durchscheinen lassen, wer jene Person einmal für dich war. Oder es ist die Stimme mit den alten Geschichten, die die Erinnerung in dir wachhält.

In der Bibel wird uns die Geschichte von einem alten Mann erzählt, der sich noch auf einen Weg mit Gott eingelassen hat. Abraham ist sein Name.

Lesen Sie heute: *Genesis 17,1–8*

Abraham vertraut sich Gott an. Ein Risiko! Keine Lebensversicherung bezahlt dir den Totalausfall, wenn die Rechnung mit Gott nicht aufgeht. Vor allem, wenn es um den gewünschten Nachwuchs geht, wenn es darum geht, etwas zu schaffen, was »bleibend« ist in dieser Welt. Gott lässt Abraham die Sterne am Himmel anschauen (vgl. Genesis 15,5). So zahlreich will er sein Volk machen. Das ist eine Verheißung, die über Abrahams Grab hinausgehen wird!

Alt zu sein heißt nicht, unbrauchbar zu sein. Alt zu sein heißt nicht, wertlos zu sein. Alt zu sein heißt nicht, abgeschrieben zu sein. Alt zu sein heißt nur: den letzten Wegabschnitt gehen, wie auch immer es uns möglich ist.

Jesus sagt im Johannesevangelium zu Petrus – wir hatten diese Stelle schon einmal kurz im Blick – einen seltsamen Satz: »*Als du jünger warst, hast du dich selbst gegürtet und gingst, wohin du wolltest. Wenn du aber alt geworden bist, wirst du deine Hände ausstrecken und ein anderer wird dich gürten und dich führen, wohin du nicht willst. Das sagte Jesus, um anzudeuten, durch welchen Tod er Gott verherrlichen würde. Nach diesen Worten sagte er zu ihm: Folge mir nach!*« (Johannes 21,18 f) Unser Altwerden ist der Weg zum Tod, vom Tod zum Leben.

Impulsfrage: *Wie geht es Ihnen mit dem Altwerden?*

39. Tag: »Alle wurden geheilt« (Einrichtungen für Menschen mit körperlicher und geistiger Behinderung)

Samstag der fünften Fastenwoche

In welchem Zustand gilt man eigentlich als *»behindert«*? Kann man das nur an körperlichen Anzeichen festmachen? Ältere Menschen sind auch »behindert« – beim Gehen, im Stehen, sogar beim Liegen. Viele Menschen sind am Leben *»ge-hindert«*, stehen sich selbst im Weg, kommen nicht aus den Startlöchern. Also: So einfach kann man gar nicht sagen, jemand sei behindert.

Die klassischen Formen der Behinderung drücken sich immer noch in körperlichen, geistigen oder altersbedingten Einschränkungen aus. Richtige körperliche Behinderungen erschrecken uns und vielen Menschen huscht eine gewisse Peinlichkeit durch das Gesicht, die meist in der Dankbarkeit für das eigene gesunde Leben mündet. Modern definiert man »Behinderte« heute als *»Menschen mit besonderen Bedürfnissen«*. Mag sein, dass es äußerlich eine Schönschreibung ist, wie wir sie auch bei Begriffen wie »Altenheim« haben, wenn wir solche vornehm »Seniorenresidenz« nennen. Aber es ist so: Wir sind alle Menschen mit besonderen Bedürfnissen!

Zur Zeit Jesu waren behinderte Menschen jene, die blind, stumm, taub, verkrüppelt oder gelähmt waren. Sie waren nur zum Teil sozial- und kultfähig (Tempelliturgie). Aber auch Erkrankungen wie Wasser- oder Mondsucht (Schlafwandeln) wurden als Behinderungen betrachtet. Dazu kam die Besessenheit, die wir heute allerdings als eine psychische Erkrankung einordnen. Jesus hatte im Zugehen auf Menschen *»mit besonderen Bedürfnissen«* keine Berührungsängste. Der Evangelist Matthäus schildert sein Handeln kurz und knapp: *»Als Jesus all das hörte, zog er sich allein von dort mit dem Boot in eine einsame Gegend zurück. Aber die Volksscharen hörten davon und folgten ihm zu Fuß aus den Städten nach. Als er ausstieg, sah er die vielen Menschen und hatte Mitleid mit ihnen und heilte ihre Kranken.«* (Matthäus 14,13 f)

Für viele Juden war eine Erkrankung oder Behinderung allerdings die Folge eines sündhaften Tuns (das nennt man den Tun-Ergehen-Zusammenhang), d. h. jemand musste durch seine Erkrankung büßen für die Sünden, die er oder seine Familie begangen hatte. Jesus räumt mit dieser Ansicht auf. Krankheit oder Behinderung ist keine Strafe!

Lesen Sie heute: *Johannes 9,1–40*

Impulsfrage: *Was lösen Menschen mit Behinderung bei Ihnen aus?*

40. Tag: »Ich war fremd und ihr habt mich aufgenommen« (Das Asylantenheim)

Palmsonntag

Kaum ein anderes Thema hat in den vergangenen Jahren Europa mehr geprägt als das Thema »Asyl« und »Flüchtlinge«. Die Zahlen der Asylsuchenden überstiegen alle Berechnungen. Auch zukünftig werden die aus den Krisengebieten flüchtenden Menschen an unsere europäischen Pforten klopfen und um Aufnahme bitten. Man will nicht in der Haut eines Politikers stecken und kann eigentlich nur mit einer gewissen Bewunderung auf manche Verantwortliche schauen, die ein dickes Fell haben – bei all der Schelte durch Medien, Gruppen oder andere Parteien.

Das Thema Asyl und Flucht ist auch ein biblisches Thema. Interessant, dass schon im ersten Buch der Bibel, im Buch Genesis Gott in einer nächtlichen Vision zu Abraham spricht: »*Gott sprach zu Abram: Du sollst wissen: Deine Nachkommen werden als Fremde in einem Land wohnen, das ihnen nicht gehört. Sie werden dort als Sklaven dienen und man wird sie vierhundert Jahre lang unterdrücken.*« (Genesis 15,13) Die Israeliten zogen lange als Nomaden umher, waren geduldete Gäste. Doch ab dem Zeitpunkt, ab dem sie sich niederlassen wollten – kam es zu Konflikten. Das Land Kanaan war fruchtbar und es gehörte anderen Völkern. Vielleicht hat das die Erkenntnis geprägt, die später im Buch Exodus juristisch niedergeschrieben wurde: »*Einen Fremden sollst du nicht ausbeuten. Ihr wisst doch, wie es einem Fremden zu-*

mute ist; denn ihr selbst seid in Ägypten Fremde gewesen.« (Exodus 23,9)

Wohin wir als deutschsprachige Touristen in Europa oder in die Welt auch reisen, wir sind immer Fremde! Wir essen Pizza vom Italiener, fahren das Auto vom Spanier, genießen den Kebab vom Türken, sprechen als Geschäftssprache englisch, wir lieben griechische Oliven und fahren zu einem romantischen Wochenende nach Paris. Die Reihe lässt sich fortsetzen. Elementar: Der Gründer unseres Glaubens war Jude.

Lesen Sie heute: *Lukas 17,11–19*

In der Psychologie kennt man das Phänomen der Xenophobie, die Angst vor Fremdem und Fremden. Manchmal steigert sich die Angst auch in Formen der Feindlichkeit. Daher rühren Anschläge und Attacken auf Fremde. Gefährlich wird es, wenn man jeden Fremden, jeden, der Asyl sucht, über einen Kamm schert. In der Gegenwart wollen wir ja auch nicht hören, dass Deutsche oder Österreicher immer noch Nazis sind, auch wenn das Phänomen des Rechtsextremismus längst nicht besiegt ist.

Impulsfrage: Wie gehen Sie mit den Ängsten gegenüber Fremdem um?

41. Tag: »Sterben wir dem Herrn!« (Hospiz und Palliativstation)

Montag der Heiligen Woche (Karwoche)

Palliativstationen und Hospize sind Orte, an denen alles sehr ruhig und achtsam zugeht. Hier sind Menschen, die auf ihrem letzten Wegabschnitt begleitet werden. Während man in der palliativen Medizin versucht, vor allem Schwerkranke so schmerzfrei wie möglich zu versorgen, ist das Hospiz der Ort des Loslassens. Ausgebildete Fachkräfte kümmern sich an dem einen wie dem anderen Ort mit viel Ruhe und Gespür um die ihnen anvertrauten Menschen.

Eine Ärztin sagte mir einmal: *»Manchmal müssen wir die Angehörigen sogar mal wegschicken, wenn jemand im Sterben liegt, damit derjenige wirklich gehen kann!«* Daher ist es gut, wenn wir Sterbenden auch sagen können: Du darfst gehen! Es wird alles gut! Ich halte dich nicht fest!

Unser Leben ist die Vorbereitung auf den Tod. Das ganze Leben ist gewissermaßen eine Kunst zu sterben. Das klingt vielleicht seltsam. Aber die *»ars moriendi«* – die Kunst des Sterbens – zeigt uns auf, wie wir uns gut vorbereiten können, damit wir *»jetzt und in der Stunde unseres Todes«* (aus dem Rosenkranz) bereit sind zur Reise. Von Papst Johannes XXIII. weiß man, dass er sich noch zehn Tage vor seinem Tod den Menschen auf dem Petersplatz zeigte und sagte: *»Sorgt euch doch nicht um mich. Ich bin bereit, die große Reise anzutreten. Meine Koffer sind gepackt. Ich kann jederzeit abfahren …«* Wer abends die Komplet, das Nachtgebet der Kirche, betet, kommt allabendlich an den Punkt, dieses Gebet abzuschließen mit den Worten: »*Eine ruhige Nacht und ein gutes Ende gewähre uns der allmächtige Gott …*« Wenn Gott uns ein gutes Ende schenkt, sterben wir nicht hoffnungslos. Paulus sagt: »*Leben wir, so leben wir dem Herrn, sterben wir, so sterben wir dem Herrn. Ob wir leben oder ob wir sterben, wir gehören dem Herrn.*« (Römer 14,8)

Wie gehen wir mit der Angst vor dem Sterben und dem Tod um? Was erwarten wir »danach« – das sind die großen Fragen, die wir uns stellen können. Der heilige Franziskus bezeichnete den Tod sogar als seine »*Schwester*«. Wer ist der Tod für Sie?

Lesen Sie heute: *Johannes 16,16–33*

Impulsfrage: *Wissen Sie, wie Ihr letzter Weg aussehen soll?*

42. Tag: »Tod, wo ist dein Stachel?« (Der Friedhof)

Dienstag der Heiligen Woche (Karwoche)

Was meinen Sie, wird eines Tages auf Ihrem Grabstein stehen? Es ist vielleicht eine gute Übung, einmal den eigenen Nachruf zu schreiben, sehr bewusst zu planen: Wie soll es nach meinem Tod mit der Beerdigung und dem Grab und dem Grabstein und der Feier in der Kirche gehen?

Makaber? – Mitnichten!

Eine alte Antiphon der Kirche bringt es auf den Punkt: »*Media vita in morte sumus*« – in einem Gottesloblied wurde es so übersetzt: »*Mitten wir im Leben sind mit dem Tod umfangen.*« Das ist unsere Wirklichkeit. Unabänderlich. Nichts ist so sicher wie der Tod! Und: Alles Leben endet tödlich! Solche Sprüche klingen banal, manchmal geradezu spöttisch. Aber ist es nicht so? Eine wunderschöne Kantate von Johann Sebastian Bach meditiert diesen Gedanken: »*Ach wie flüchtig, ach wie nichtig ist der Menschen Leben! Wie ein Nebel bald entstehet und auch wieder bald vergehet, so ist unser Leben, sehet! Ach wie nichtig, ach wie flüchtig sind der Menschen Tage! Wie ein Strom beginnt zu rinnen und mit Laufen nicht hält innen, so fährt unsre Zeit von hinnen.*« Suchen Sie einmal im Internet danach und hören Sie sich die Kantate an.

Der Friedhof ist ein Ort, an dem wir zu irgendeinem Zeitpunkt des Lebens mehr Menschen kennen als dort, wo wir wohnen. Es ist ein friedlicher Ort, für manche mystisch, für manche Furcht einflößend. An den Gräbern zu verweilen, mit den Toten zu reden, ihre Gräber zu schmücken – das hilft uns, mit der Endlichkeit unseres Daseins umgehen zu können. Als Christinnen und Christen tragen wir einen großen Glauben in uns. Wir bekennen die *»Auferstehung von den Toten«* und meinen damit die *»Verendgültigung«* (ein Begriff des Theologen Bertram Stubenrauch) bei und durch Gott. Es ist wie bei einem Maler, der sein Leben lang an einer Staffelei sein Bild malt. Legt er den Pinsel aus der Hand, mag zwar in seinen Augen das Bild zu Ende sein, aber es ist noch nicht vollendet. Erst, wenn Gott, der Meistermaler, das Bild vom Ende her für »gültig« erklärt, also vollendet, kommt es zum Abschluss. Daher ist es tröstlich, ob und wie wir das Bild auch gestalten – Gott wird die letzten Pinselstriche tun und es in ein wunderbares Kunstwerk verwandeln!

Lesen Sie heute: *Johannes 11,17–44*

Impulsfrage: *Wie könnte die Lebensüberschrift auf Ihrem Grabstein lauten?*

Die fünf
Wege zur Auferstehung

Mittwoch der Karwoche bis Ostersonntag

43. Tag: »Der Weg der Selbsterkenntnis«

Mittwoch der Heiligen Woche (Karwoche)

»*Selbsterkenntnis ist der erste Weg zur Besserung!*« – Diesen lockeren Spruch musste sich vielleicht jede und jeder schon einmal anhören. Es ist auch was dran! Wenn ich meine Verhaltensmuster oder Reaktionsweisen einmal verstanden habe, wenn ich mich selbst wirklich kenne, dann kann ich daran arbeiten. Manche Menschen strotzen nur so vor Selbstbewusstsein – aber das ist noch einmal etwas ganz anderes. Um zwischen Selbst*bewusstsein* und Selbst*erkenntnis* wirklich unterscheiden zu können, brauchen wir eine gesunde Selbst*einschätzung*. Wenn diese in einem Gleichgewicht ist, sind wir auf der richtigen Spur des Lebens.

Der heutige Mittwoch der Karwoche ist in der kirchlichen Tradition geprägt von der Erinnerung an den Verrat Jesu durch Judas: »*Darauf ging einer der Zwölf namens Judas Iskariot zu den Hohenpriestern und sagte: Was wollt ihr mir geben, wenn ich euch Jesus ausliefere? Und sie boten ihm dreißig Silberstücke. Von da an suchte er nach einer Gelegenheit, ihn auszuliefern.*« (Matthäus 26,14–16). Biblisch spielt sich dieses Ereignis unmittelbar vor dem Letzten Abendmahl ab. Die »*dreißig Silberstücke*« und der berühmte »*Judaskuss*« haben in Literatur, Kunst und Film Eingang gefunden. Es gibt kaum ein biblisches Gemälde, bei dem Judas nicht rothaarig, mit langer Nase und fiesem Blick dargestellt wird. So stellt man sich eben einen Verräter vor.

Aber war er das wirklich? Biblisch ist er Werkzeug! Es scheint, als müsse er es tun, damit sich überhaupt eine spätere Wende ereignen kann. Was wollte er aber selbst? War er ein politischer Aktivist, der Jesus nur herausfordern wollte? Sein Ende ist tragisch! Laut Matthäus bereute er seine Tat, warf den Hohenpriestern das Geld vor die Füße und erhängt sich (Matthäus 27,3–8). Doch müssen wir uns ernsthaft fragen: Ist wirklich immer nur *einer* der Schuldige, der »Sündenbock«, auf den wir unsere Schuld abladen können? Waren da nicht noch ein paar mehr, die *»kreuzige ihn!«* schrien?

Lesen Sie heute: *Matthäus 27,11–26*

Der Weg der Selbsterkenntnis ist der Weg zur Wahrheit. Wer bin ich wirklich? Bin ich auf der richtigen Spur mit meinem Denken, meinem Reden, meinen Gefühlen, meinem Handeln? Lasse ich mich leiten von den richtigen Personen oder folge ich dem Mainstream der Stimmungsmacher? Lasse ich mich hinreißen zu unüberlegten Schritten, die ich später bereuen könnte? Wer bin ich wirklich und was will ich? Kann ich mir Fehler eingestehen und angerichteten Schaden wiedergutmachen?

Impuls: *Schauen Sie heute einfach nur für fünf Minuten in den Spiegel!*

44. Tag: »Der Weg zur Hingabe«

Donnerstag der Heiligen Woche (Gründonnerstag)

»*Tut dies zu meinem Gedächtnis!*« – So werden wir es heute Abend in der Liturgie wieder hören. Wir kennen diesen Satz aus jeder Eucharistiefeier. Die sog. »*Einsetzungsworte*« über Brot und Wein, über Leib und Blut Jesu Christi, werden wiederholt in Erinnerung an Jesu Tod und Auferstehung. Dieses Geschehen ist das »*Geheimnis des Glaubens*«. Dennoch unterscheidet sich die Liturgie am heutigen Abend von den übrigen Messfeiern im Laufe des Jahres. Denn drei Worte werden zusätzlich eingefügt: »*Das ist heute!*« Damit wird das Geschehen in Erinnerung an damals zur Vergegenwärtigung im Heute, im Hier und Jetzt. Wir treten sozusagen zum Tisch des Abendmahles hinzu, nehmen daran Platz. Es gibt Maler, die das auch ins Bild gebracht haben. Man sieht den Tisch und die Jünger, die rundherum sitzen, aber *ein* Platz ist freigelassen: jener für dich oder mich. Es ist das Mahl der Sünder und Sünderinnen, an dem wir teilnehmen! Jede und jeder ist eingeladen! Es braucht keine Eintrittskarte.

Doch an diesem Abend steht noch etwas anderes ebenfalls im Zentrum: *Die Fußwaschung.*

Lesen Sie heute: *Johannes 13,1–20*

Von Papst Franziskus wissen wir, dass er schon als Kardinal Jorge Mario Bergoglio Frauen wie Männern am Gründonnerstag in einem Krankenhaus in Buenos Aires die Füße gewaschen hat. Was er nun seit seiner Papstwahl tut – und was jetzt neuerdings auch für Frauen vom Vatikan offiziell erlaubt ist – war für ihn schon damals schon nichts Außergewöhnliches. Männern wie Frauen wäscht er die Füße, Kranken wie Gesunden, er geht in die Haftanstalt und in Krankenhäuser. Dort, wo Jesus eben auch hinginge! Sich niederzubeugen, die Füße von Menschen zu berühren – einen Intimbereich – und sie zu waschen, das ist eigentlich Sklavendienst! Doch auch Jesus dreht die Hierarchie um.

Jesus scheut sich eben nicht, Mensch zu sein. Und er ist bereit, sich hinzugeben. Wer sich hingibt, gibt sich auch ein gutes Stück auf. Er verliert etwas von der hoheitlichen Unantastbarkeit und wird angreifbar. Diese Hingabe geht sehr weit: »*Das ist mein Gebot, dass ihr einander liebt, so wie ich euch geliebt habe. Es gibt keine größere Liebe, als wenn einer sein Leben für seine Freunde hingibt.*« (Johannes 15,12–13)

Impulsfrage: *Was bedeutet Ihnen die Freundschaft zu Jesus Christus?*

45. Tag: »Der Weg des Leidens«

Freitag der Heiligen Woche (Karfreitag)

Ein Rebstock mit zwei auseinandergehenden Verästelungen – wie ein Y. Zwei Leinwände. Rote Farbe. Schwarze Kohle. Gekreuzigt. Dunkle Nacht. (Wenn Sie das Bild »gekreuzigt« betrachten möchten, schauen Sie unter www.martyria.de, gehen Sie zu EiA_Bilder, dann wählen Sie das Bild zum Karfreitag.)

Lesen Sie heute: *Markus 15,33–41*

Der letzte Weg, den Jesus geht, führt ihn ans Kreuz. Golgota. Ein Steinbruch vor der Stadt. Die Worte klingen nach: »*Ein Stein, den die Bauleute verwarfen, er ist zum Eckstein geworden.*« (Psalm 118,22) Christus ist dieser *eine* Stein, der verworfen wurde. Ans Kreuz geschlagen wird er zum Stein des Anstoßes, zum Eckstein.

Er geht den Weg des Leidens, die »*via dolorosa*«. Jesus ist unser Leid nicht fremd. Im Hebräerbrief lesen wir: »*Wir haben ja nicht einen Hohepriester, der nicht mitfühlen könnte mit unseren Schwächen, sondern einen, der in allem wie wir versucht worden ist, aber nicht gesündigt hat.*« (Hebräer 4,15)

In der Karfreitagsliturgie werden wir eine Lesung aus dem Buch Jesaja hören: der leidende Gottesknecht. »*Er hatte keine schöne und edle Gestalt, sodass wir ihn anschauen mochten. Er sah nicht so aus, dass wir Gefallen fanden an ihm. Er wurde verachtet und von den Menschen gemieden, ein*

Mann voller Schmerzen, mit Krankheit vertraut. Wie einer, vor dem man das Gesicht verhüllt, war er verachtet; wir schätzten ihn nicht. Aber er hat unsere Krankheit getragen und unsere Schmerzen auf sich geladen. Wir meinten, er sei von Gott geschlagen, von ihm getroffen und gebeugt. Doch er wurde durchbohrt wegen unserer Vergehen, wegen unserer Sünden zermalmt. Zu unserem Heil lag die Züchtigung auf ihm, durch seine Wunden sind wir geheilt.« (Jesaja 53,2–5)

Jesus geht den Weg in aller Konsequenz. Er leidet. Er leidet mit dir, mit mir. Das müssen wir heute einfach nur aushalten. Wie so oft in unserem Leben!

Impuls: *Bleiben Sie heute einfach bewusst im Schweigen, das Kreuz vor Augen!*

46. Tag: »Der Weg des Loslassens«

Samstag der Heiligen Woche (Karsamstag)

Es ist schon ein eigenartiger Tag, der Karsamstag, oder? In den Supermärkten herrscht Hektik. Die Einkäufe für Ostern laufen auf Hochtouren. Putzen und staubsaugen Sie auch wie wild? Oder kochen Sie alles Mögliche schon mal vor? Sind Sie im Stress, weil an Ostern Besuch kommt?

Vielleicht gelingt es Ihnen ja doch, heute auch die Zeit zu finden für diesen Impuls. Schön, wenn es klappt!

Der Karsamstag ist der Tag des *Nichts*. Es ist der Tag der Grabesruhe.

Stille.

Vielleicht könnten Sie in Ihrer Kirche das Grab Jesu besuchen. Dort, wo man gestern das Kreuz hingelegt hat. Vielleicht liegen noch ein paar Blumen davor. Sie erinnern an die Kreuzverehrung, an das letzte Geleit.

Für Jesu Freunde und Freundinnen war der »*Tag danach*« ein schwieriger Tag. Wir – Sie und ich – haben einen Wissensvorsprung. Die Jünger damals hatten einfach nur Angst. »*Am Abend dieses ersten Tages der Woche, als die Jünger aus Furcht vor den Juden bei verschlossenen Türen beisammen waren …*« (Johannes 20,19) Diese Furcht dauert bis zum Sonntag der Auferstehung. Eine Gruppe von Trauernden, Ohnmächtigen, Fragenden, Suchenden und Verzweifelten. Die Freundschaft zu Jesus scheint zerbrochen. Tiefer Schmerz wohnt in ihnen. Sie haben den Meister im Stich gelassen, haben ihn am Kreuz sterben lassen, sind geflohen, haben ihn verleugnet, … Er ließ sein Leben los, sie ließen ihn los.

Lesen Sie heute: *1 Korinther 15,1–58*

Ein langer Text. Eine lange Reflexion zum Thema Tod und Auferstehung. Aber es sind viele inspirierende Gedanken und tröstenden Worte. Im Glaubensbekenntnis ist dieser Tag auch verankert. Es heißt: »*Hinabgestiegen in das Reich des Todes*« – für das Judentum ist der »*Scheol*« der Ort, an dem die Toten warten, bis sie zur Auferstehung gerufen werden. »*Der HERR macht tot und lebendig, er führt zum Totenreich hinab und führt auch herauf.*« (1 Samuel 2,6) – Niemand ist endgültig verloren.

Impulsfrage: *Glauben Sie an die Auferstehung der Toten?*

47. »Der Weg ins (neue) Leben« (Ostern)

Ostersonntag – Hochfest der Auferstehung Jesu Christi

Sie haben Ihr Ziel erreicht! – mit diesem Satz enden die meisten von Navis gesteuerten Fahrten mit dem Auto. Wir sind am Ziel. Halleluja!

Lesen Sie heute: *Markus 16,1–8*

Auch wenn das Markusevangelium noch ein paar Zeilen weitergeht, hier endet es ursprünglich. Die letzten Worte sind demnach: »*Und sie sagten niemandem etwas davon; denn sie fürchteten sich.*« (Markus 16,8) Ein seltsamer Abschluss einer Erfolgsstory, finden Sie nicht auch?

Die Frauen, die in der Frühe zum Grab kommen, fürchten sich, ihnen schlottern die Knie. Unglaublich wird ihre Botschaft sein! Wer wird ihnen glauben?

Paulus argumentiert später: »*Ist aber Christus nicht auferweckt worden, dann ist unsere Verkündigung leer, leer auch euer Glaube.*« (1 Korinther 15,14) Wir können uns nur den Männern und Frauen anvertrauen, die damals durch ganz Europa gereist sind, um von dieser Botschaft Zeugnis abzulegen. Hätten Sie es getan – mit dem Risiko, Ihr Leben dabei zu verlieren – wenn es nur ein billiges Märchen gewesen wäre?

Was ist Auferstehung? – Die Antwort darauf ist schwierig. Wir können nur in Metaphern sprechen. Wir reden vom Himmel, von der neuen Heimat bei Gott, vom Tor, durch das wir ins Licht schreiten … Aber reicht uns das? Kurz vor seinem

Tod hat ein älterer Herr seiner Frau noch anvertraut: »*Ich geh heut noch fort. Ich geh heut Abend tanzen!*« – Am Abend verstarb er. Ich höre darin den Psalm 30: »*Da hast du mein Klagen in Tanzen verwandelt, mein Trauergewand hast du gelöst und mich umgürtet mit Freude!*« (Psalm 30,12) Auferstehung ist der Tanz in das neue Leben! Es ist die »*Verendgültigung*« (Bertram Stubenrauch) bei Gott.

Impuls: *Was bedeutet für Sie »Auferstehung von den Toten«?*

Geschafft!

Zunächst einmal: Frohe Ostern! Sie sind den Weg gegangen! Gemeinsame Erfahrungen liegen hinter uns, die Sie mit allen verbindet, die an diesen Exerzitien im Alltag teilgenommen haben! Natürlich wissen Sie von vielen nicht, was diese Impulse ausgelöst haben, welche mehr oder weniger gut »ankamen« und wo es bei den übrigen Teilnehmenden vielleicht auch mal nicht weiterging!

So wie es ist, ist es gut! Es sollte so sein!

Wenn nur einer dieser Impulse Sie persönlich etwas angeregt hat, dann ist schon sehr viel geschehen! Frère Roger Schutz, der Gründer der ökumenischen »Communauté de Taizé«, sagte einmal zu Jugendlichen »*Lebe das, was du vom Evangelium verstanden hast. Und wenn es noch so wenig ist. Aber lebe es.*« Wir müssen nicht perfekt sein, aber wir sollen hinter Jesus hergehen und ihm über die Schulter schauen, wie er gelebt und gehandelt hat.

Noch einmal Frère Roger: »*Am Abend unseres Lebens wird es die Liebe sein, nach der wir beurteilt werden, die Liebe, die wir allmählich in uns haben wachsen und sich entfalten lassen, in Barmherzigkeit für jeden Menschen.*«

In diesem Sinne wünsche ich alles Gute für die Zukunft! Gehen Sie einfach weiter!

Über jede Form der Rückmeldung freue ich mich. Über das Internet im Kontaktformular von www.martyria.de bin ich online erreichbar.

Ihr *Rainer-Matthias Müller*

Quellen

Die Bibeltexte sind entnommen aus:
Einheitsübersetzung der Heiligen Schrift, vollständig durchgesehene und überarbeitete Ausgabe

S. 54 f.: Tobit 2,14 entnommen aus:
Einheitsübersetzung der Heiligen Schrift,